税金弱者のための節税相談

杉井卓男

22世紀アート

はじめに

私の事務所で税金を中心に扱っている企業は約五百件ありますが、そのほとんどは個人企業で約二百社、残りの三百社が中小法人の有限会社や株式会社です。

いま全国には、法人といわれる企業が約三百八十二万社ありますが、その内で大企業といわれるのはほんの一万一千社ぐらいで、残りの九九%が中小法人で占められています。

大法人は企業の中に特別な専門家がいて税の問題を扱っており、また経理部も何百人という社員がいて実務をやっていますので、このような大法人は別にして、多くの中小法人や個人企業が私たち税理士のお得意さんということになります。

そこで本書では、税金の問題について専門的にほりさげたり、また、いまの税制について論評を加えたりという大それた考え方からではなく、日常接している個人企業や中小法人の父ちゃん、母ちゃんの経営者が、税の問題について悩んでいる点を中心に実用向きに書いてみました。

その意味で本書を読んで、それをきっかけにして専門書をひもとくなり、税理士に相談するなりして、他人まかせではなく、自分の血肉として税金問題に強くなってほしいと思います。
そうなれば税金も「マルサの女」も怖くないばかりか、税法にもとづく節税についても考えられるようになり、商売の繁盛にもつながってきます。本書がそういうお役に立てば幸いです。

令和弐年吉月

税理士　杉井　卓男

目次

法人企業の節税方法…………33

サラリーマンの節税方法…………61

資料引用・参考文献

財団法人納税協会連合会『所得税の確定申告の手引』
大阪・奈良税理士協同組合『私たちの税金』
ＴＫＣ広報部『税金ア・ラ・カ・ル・ト』
ＴＫＣ『戦略経営者のためのコンピューター会計システム』
税務研究会『週刊・税務通信』
『税務ハンドブック』杉田宗久著

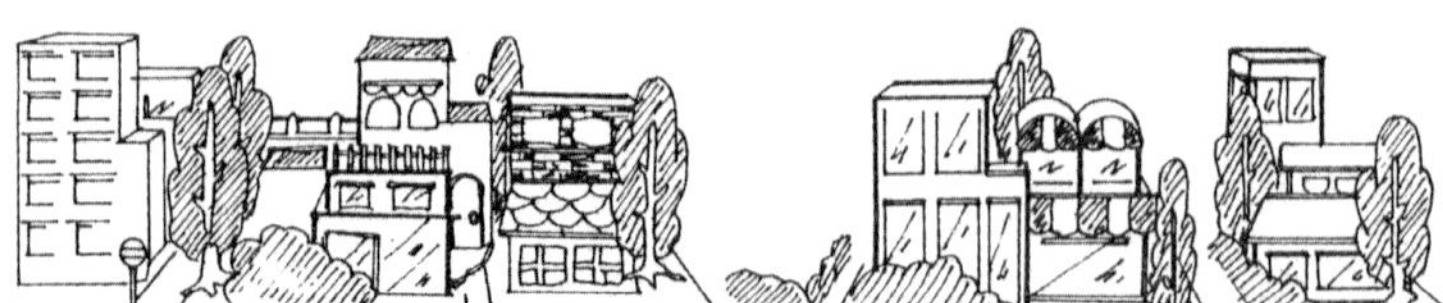

#「所得」の限定で気をつけること

①運用の仕方で変る「所得」

「所得」とはなにかと聞かれたとき、法律的には別表にあるように、いろいろむつかしい規定がありますが、わかりやすくいえば、サラリーマンなら給与収入から所得控除額を差し引いた残りが給与所得ですし、商売人なら売上げなど総収入から材料費などの原価や一般管理費などの諸経費を差し引いた残りが所得です。税金はそれらの所得にたいしてかけられるわけです。

しかし、問題はその「所得」を限定するまでの税法にもとづく運用にあります。たとえば商売人や事業者の場合、同じ売上げでも、その運用の仕方によって「所得」が増減し、それが税額にはねかえって、企業利益の差となってあらわれ、損する人と得する人が出てくることになります。

したがって、「所得」とはなにかとなれば、実際の運用面で大きく違ってくるということです。それはなにも税務署をごまかすということではなく、税法にもとづく合法的なものであり、公に認められた節税方法というべきでしょう。

そこで、日頃から私の事務所に税金相談で訪ねてくる自営業者やサラリーマンの人びとをとおして、「所得」を限定するに際しての留意点を以下にまとめてみました。

所得金額の計算

■事業所得

総収入金額－必要経費＝事業所得の金額

■利子所得

収入金額＝利子所得の金額

■配当所得

収入金額－（株式などを取得するための負債の利子）＝配当所得の金額

■不動産所得

総収入金額－必要経費＝不動産所得の金額

■給与所得

収入金額－給与所得控除額＝給与所得の金額

■譲渡所得

総収入金額－（取得費及び譲渡所得）－特別控除額＝譲渡所得の金額

■一時所得

（総収入金額）－（その収入を得るために支出した金額）－（一時所得の特別控除額）＝一時所得の金額

■雑所得

総収入金額－必要経費＝雑所得の金額

■退職所得

（収入金額－退職所得控除額）×1/2＝退職所得額

■山林所得

総収入金額－必要経費－（山林所得の特別控除額）＝山林所得の金額

②減価償却はどうなっているか

「所得」を限定する上でまず気をつけなければならないことは減価償却です。たとえば、乗用車やトラックを買ったからといって、それがそのまま、それを買った年度内に経費としておとせるかといえばそういうわけにはいきません。税法では減価償却資産の耐用年数がそれぞれ決められており、長いのは事務所用の鉄骨鉄筋コンクリートの建物が六十五年、短いのは厨房用の陶磁器が二年というように、その資産の耐用年数にもとづいて減価償却していかなければなりません。

その場合、減価償却の仕方として定額法と定率法がありますが、定率法は、定額法の約二倍の償却ができますのでひじょうに有利ですし、また、機械などを買った場合には、いろいろな特別償却がありますので、私としては定率法の採用をすすめています。

③期首と期末を明確に

もう一つは、年度内の売上げを明確にすることです。たとえば、個人企業であれば、一月一日から十二月末日までの期間があっているかどうかです。十二月末に仕事をして、集金が一月二十日とすると、その売上げを一月に計上するのではなく、あくまでも仕事をした前年度の売上げにしなければなりません。その点があいまいで、よく税務署にひっかかります。

そういう売上げの基準、計上の仕方がひじょうに下手です。

④棚卸の計算も大事

個人企業では棚卸もあいまいです。棚卸でも仕入れのときはどんどんおとしますが、期末に棚卸をし

棚卸の計算も大事

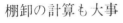

棚卸資産

次の資産は棚卸資産として年末にその在庫を調べなければなりません。

① 商品または製品（副産物及び物業くずを含みます）
② 原材料
③ 半製品
④ 仕掛品（半成工事を含みます）
⑤ 貯蔵中の消耗品（油、包装材料、事務用品など）
⑥ 販売目的で養殖中の金魚、わかめなど
⑦ 仕入れなどに伴って取得した空缶、空びんなど

棚卸資産の評価方法の選定と届出

区分／種類	しなければならない場合	記載しておかなければならない主な事項	提出先	期　日
届　出	新規開業	①事業の種類　②資産の種類　③評価の方法 （注）様式は税務署に用意してあります。		開業した翌年の3月15日
	異なる事業の開始			
承認の申請	評価方法の変更	上記①から③までのほか④変更前の評価方法　⑤変更の理由 （注）上記に同じ。		変更しようとする年の3月15日
	特別な評価方法の選定	上記①から③までのほか④後入先出法又は後入先出法を基礎とする低価法に準じているかどうかの別		特に期限はありません。

店ざらし品などの評価

次のような棚卸資産は他の棚卸資産と区別し、年末の処分可能価額で評価することができます。

① 災害などによって著しく損傷したこと。
② 売れ残った季節商品があって、今後通常の価額では販売できないことがこれまでの実績に照らして明らかであること。
③ その資産と同一用途の新製品が出たため、今後、これが通常の方法では販売できなくなったこと。
④ 破損、型くずれなどで品質が変化したため、通常の方法では販売することができないようになったこと。

て、どれだけ使ったか、またどれだけ残っているかということがきっちりしていないのが多い。それをやらなければ、いったいどれだけ儲かっているのかあるいは損しているのかという所得がでてきません。

⑤店ざらしも念頭に

店ざらしが商法上経費として認められていることを知らない人も多い。

店ざらしとは、たとえば洋服屋をしていて売れると思っていた洋服が、流行おくれのため売れ残った場合、その洋服を仕入れ金額で費用としておとすことができます。それは泥棒に入られたり、万引きされた場合も同じように費用としておとせますから、その点も念頭にいれて所得を割りだすことも大事なことです。

⑥一括で原価計算する方法

棚卸をするとき、たとえば車とか机とかは個別に計算して原価をだしますが、個人企業の雑貨屋さんの場合は、消しゴムとか鉛筆とかノートなどについては一括して原価計算して棚卸をしてもいいのです。

たとえそれが万引きでなくなろうが、また自家消費しようが関係なく全部費用としておとせます。それは食堂のしょう油や米でも同じことがいえます。

製造業でしたら、材料を仕入れて製品にしても、その製品が失敗して価値がゼロになれば、その商品は期末の製品在庫からカットしてもいいわけです。

決算の順序とチェックポイント

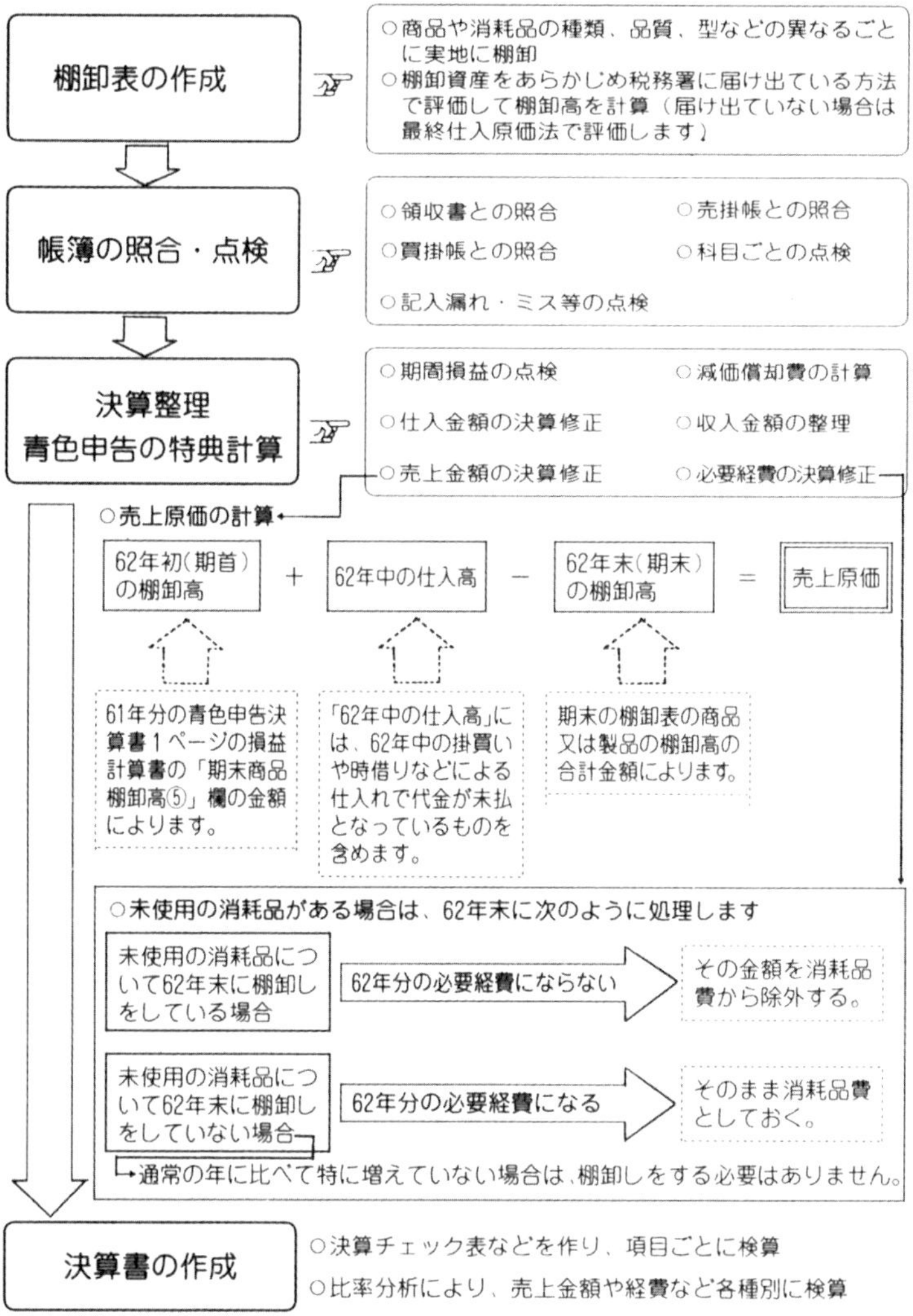

（税務署提供）

商売人（個人企業）の節税方法

①家を事務所がわりに使う場合

個人で家を事務所がわりにして商売に利用している人が多いようですが、たとえば、自宅の応接間を客の接待などに使っている場合、その家の何割を占めているかということによって、その分だけを事業用として減価償却できます。電話・ガス・水道もだいたいその五割は商売の経費として認められています。

もちろん、その大きさなどで全部が全部認められるわけではありません。所得のはじき方、経費として認められる部分が税法で決まっているわけではないのです。しかし、事業主の判断で、その領収証を半分け税収管理、事業主管理としておとすことができます。それは白色でも青色でも同じようにできます。

②得意先と同席すれば家族の飲食も接待の内

お客さんを接待するために食事に行くとき、奥さんも連れて同席すれば、そのときの飲食費用は、事業に必要な会合として全部接待・交際費として認められます。ちょうど夕方であれば、奥さんは夕食の

得意先と同席すれば
家族の飲食も接待の内

準備をしなくてもよいわけです。車のガソリン代も私用と商業用の区別がしにくいので、一応その費用は半々にして事業用としておとしますが、それもきっちり分けられませんので大ざっぱになりがちです。

③白色の利点と欠点

白色というのは、申告用紙が白色であるところから通称「シロイロ」と呼んでいますが、税務署の職員は「ハクショク」という呼び方をしています。

白色による申告は、記帳義務がないために極端にいえば領収証もいらなければ、売上もいらないというものです。したがって、税務申告にあたっては、一万円の税金を払うことにして、逆算で「所得」を出し、売上げと経費の帳尻を合わすことだって可能です。これを逆算方法での申告といっています。

その意味で、白色の利点というのは、記帳義務がないところにあるといえそうですが、しかし、その反面では、ややもすると商売がどんぶり勘定になってしまい、いったいどれだけ儲かっているのか、あるいはどれだけ損をしているのかということがわからず、また、商売のやり方を改善する上で、材料の仕入れ方を工夫すればよいのか、売上げをどれだけ伸ばせばよいかなど、事業を大きく発展させようとするときも、その目安になる指標がないためにマイナスともいえます。

儲かっているのかな…

しかし、二年前に税法が改正されて、白色による確定申告ができるのは、年間の売上げが三千万円以下、所得が三百万円以下の事業主に限ることになりました。それ以上の売上げや所得のある事業主は記帳義務が生じ、青色による申告に変るようになりましたので、白色による申告ができるのは、小零細の商売を営んでいる人となります。

④青色申告の利点

青色は白色と違って記帳をしなければなりません。原則として複式簿記による必要な帳簿を備えなければなりませんが、個人の小規模事業であれば現金出納簿だけでもよいことになっています。ただし、その場合は税務署長に届けなければなりません。

青色で一番得をするのは、ともに事業に従事している奥さんの給与が経費としておとせることです。いままでなら、白色専従者控除として、六十二年度は年間六十万円しか認められませんでしたが、青色の場合は所得に応じて、年間百万円でも二百万円でも給与としておとせるようになりました。

二つ目は、三年間赤字の繰り越しができることです。極端にいえば、三年目に赤字を解消して、四年目から新たに赤字になっても認められることです。そうなれば、税金は地方税の均等割だけで、所得税はゼロのままということになります。

その他には貸倒れ引当金、従業員の退職引当金が経費として認められ、白色にくらべておとせる経費がぐんと増えて、節税のメリットが大きくなります。また、青色による記帳に習熟してきますと法人化への条件もできてきて、いっそう有利な節税の展望がひらけてきます。

青色申告について

■青色申告のできる人

①事業所得者…小売業／卸売業／製造業／加工業／修理・サービス業／建設業／農業／漁業／自由業／医療保健業etc.

②不動産所得者…家屋／土地／アパート／店舗etc.を賃貸している人。

③山林所得者…山林を５年こえて所有している人。

■青色申告をするには

①新たに青色申告をしようとする人…その年の３月15日までに「青色申告承認申請書」を税務署に提出してください。

②その年の１月16日以降に新たに開業した人…開業の日から２ヵ月以内に申請すること。

■どのような帳簿が必要か

①事業所得などのある人

業務に関する書類（現金出納帳／経費帳／売掛帳／買掛帳／固定資産台帳）を５年間保存すること。

確定申告書には事業所得などに関する収支内訳書を添付することが必要です。

確定申告書を提出しない人でも、事業所得などの収入金額の合計額が5,000万円をこえる場合は、総収入金額報告書を提出することが必要です。

②事業所得などの金額の合計額が300万円をこえる人

簡易な帳簿（現金式簡易帳簿）を備えつけて取引を記録し、これらの帳簿を７年間保存することが必要です。

■どんな特典があるか

①青色申告控除…所得金額から10万円を控除することができます。

②青色専従者給与が貰えます…事業を営んでいる人と生計を共にしている配偶者や15歳以上の親族で、その事業にもっぱら従事している人に支払った給与は必要経費になります。給与の額は、仕事の内容や従事の程度にふさわしい額であること。

③**貸倒引当金が計上できます**…年末の売掛金や貸付金の5.5%（金融業は3.3%）までの額を貸倒引当金として必要経費にすることができます。
④**純損失の繰越しと繰戻しができます**…事業所得などの損失により純損失が生じたときには、その損失額を翌年以降３年間にわたって各年の所得から差し引くことができます。また、前年も青色申告をしている場合は、損失額を前年の所得から控除し、既に納めている前年分の所得税の還付を受けることができます。

■青色申告すると所得税はこれだけ安くなります。

所得	300万円
家族数	夫婦、子供２人 計４人
妻の専従者控除	90万円
青色申告控除	10万円
保険料控除	20万円

専従者給与の月額（社会保険料控除後）が74,000円以上の場合は、所得税の源泉徴収が必要です。

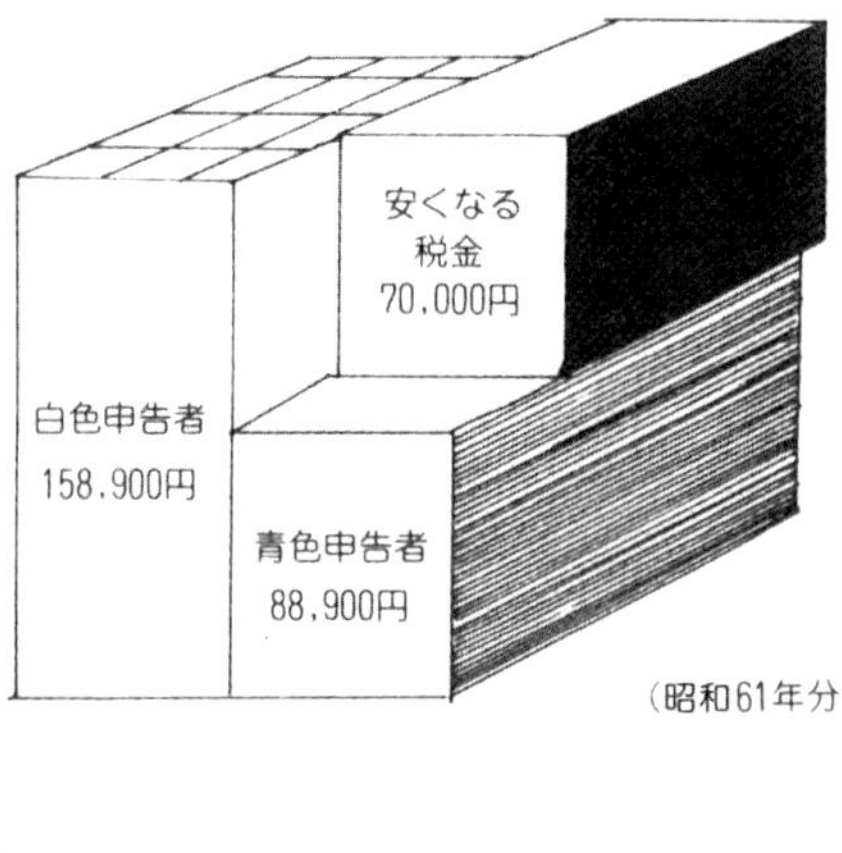

（昭和61年分）

法人企業の節税方法

①まず有限会社を考える

個人企業から法人企業への移行を考える場合、二つの方法があります。一つは有限会社であり、もう一つは株式会社です。その内のどちらを選ぶかとなると資本金や企業規模、取引の関係などでいろいろ違ってきますが、ながらく青色申告をしてきて、そこから法人企業への移行を考えるとき、まず簡単にできるのは有限会社でしょう。

株式会社の場合は、会社の設立にあたって七人の発起人が必要ですし、商法で年一回株主総会を開いて議事録をとることが義務づけられています。また、二年に一回役員の登記をしなければなりませんし、そのたびに登記料として三万円の印紙代が要ります。しかも、その登記を忘れたりすると法務局から罰金を科せられます。

その点、有限会社であれば、二人の印鑑証明があればすぐ登記できますし、銀行に資本金を預けなければならないということもありません。もちろん、株主総会のような出資人総会を年一回開かなければならないというようなことが義務づけられているわけでもありません。ただ、代表者に退職金などを支払わなければならないときに、出資人総会を開いて議事録をつくらなければならないことはありますが、それでもそれはあくまで臨時ですし、有限会社は夫婦が役員になってもできるわけですから、夫婦の話合いで総会にかえることもできるわけです。

まず有限会社を考える

有限会社なら
夫婦二人でもできる

株式会社は七人の発起人など
いろいろ制約がある
発起人

このように、株式会社と有限会社では同じ法人でも、資本金や運営の面で大きな制約の違いがありますが、しかし、税法による法人としての扱いは全く同じで、納税義務者はあくまでもその会社の最高責任者であるということです。

したがって、個人企業から法人化への移行を考えるとき、簡単にできるのは有限会社であるといえます。

②個人企業とどこが違ってくるか

法人の損金

①法人税法上特別な規定が明記されていないもの

商品、製品の売上原価／賃金／給料／法定福利費／厚生費／消耗品費／地代家賃／保険料／修繕費／旅費交通費／通信費／水道光熱費／手数料／宣伝広告費／利子割引料など。

②法人税法上特別な規定が明記されているもの

役員の報酬・賞与・退職金／減価償却費／繰延資産の償却費／租税公課／交際費／寄付金／資産の評価額／引当金・準備金の繰入額／圧縮損／所得の特別控除／繰越欠損金など。

個人企業と法人とでは、節税の面でどこが違ってくるかといえば、法人企業の場合は、会社の経費としておとせる項目が、個人企業と違って多いということです。なかでも大きな違いは、奥さんが会社役員であったり、仕事に従事していたりしたときに、給料を支払うことができるということです。

また、接待交際費や減価償却、厚生費などとの運用の仕方で節税につながる部分が、法人化した場合に大きなメリットがあるといえます。そのいくらかの項目をあげてみましょう。

③奥さんを専務にした場合

個人企業で、夫婦二人で食堂を経営している場合、奥さんの働き分としての人件費は経費として認められませんでした。白色の場合は配偶者の事業専従者控除として年間で六十万円しか経費として認められません。青色にしても、奥さんの給料が認められるとはいえ月十万円から十五万円、年間で二百万円前後というのが限度でしょう。おそらく、奥さんが毎月五十万円の給料を貰うなどということは、青色の場合でも、個人企業としてはとうてい認められませんし、税務署からクレームがつくことはまちがいありません。

法人の場合
専務として
年間600万円の給与も可能
個人企業の場合
青色なら
事業専従者給与として
常識の範囲で
年間300万円ぐらい
白色なら
事業専従者控除
として年間60万円

青色事業専従者の給与

青色事業専従者に支給される給与は、労務の適正な対価としてあらかじめ所轄の税務署に届け出た金額の範囲内で支給されなければなりません。ここでいう労務の適正な対価であるかどうかの基準は次の点を総合的に判断して決めます。

① 労務に従事した期間（経験年数）、労務の性質（職務の内容）及びその提供の程度（就業時間）。
② その事業に従事する他の従業員の給与の状況及びその事業と同種同規模の事業に従事する従業員の給与の状況（世間相場）。
③ 事業の規模及び収益の状況（支払能力）。

白色事業専業者控除

白色申告者の場合は、生計を一にする親族（15歳未満の人や事業を営む人、またはその人と生計を一にするいずれかの人の控除対象配偶者、または扶養親族とされる人は除く）の内で１年の内６ヵ月を超える期間を白色申告者の営む事業に専ら従事している人があれば原則としてその専従者一人につき60万円を必要経費として計上することができます。

ただし、その白色申告者の事業所得の金額（事業専従者控除額を差し引く前の金額）を専従者の数に１を加えた数で除した金額が60万円より少い場合には、その少い金額が専従者一人当りの控除額となります。

その点、法人化して奥さんを専務に就任させた場合、毎月五十万円、年間で六百万円の給料を払ったとしても、なんの不思議でもありません。そこへ、ご主人も社長として同じように年間六百万円の給料を貰ったとすれば、夫婦で年間千二百万円の収入になり、その収入は会社の経費としておとせるわけですから、たとえば、年間三千万円の売上げがあって、その内千八百万円が材料費や一般管理費として会社の経費としておちれば、所得はゼロということになり法人税は払わなくてもいいということになります。

そのように、法人化した場合、奥さんにも給料を払えるというのが一番大きなメリットといえるでしょう。もちろん、奥さんやご主人の給料それぞれ六百万円には源泉が徴収されますが、それでもはるかにその方が節税になることはいうまでもありません。

④おじいちゃんも役員にしてしまう

夫婦二人で年間千二百万円の給料を貰ってもなお会社の利益があるとすれば、こんどはおじいちゃんも役員にしたらいいのです。法人化すれば、六親等まで役員給料を支払うことができます。それがたとえ非常勤役員であったとしても、月一回経営に参加しているとか、あるいは電話で経営相談にのってもらっているとか、なんらかの形で経営に関与していれば、役員報酬を払って会社経費としておとせますし、その報酬の上限もありません。

ちょっとした個人企業で、年間三千万円の収入を得ようと思えば、売上げを相当あげなければなりませんが、企業を法人化して奥さんだけでなく、おじいちゃんまで役員にして給料を払うようにすれば、それが可能になってきます。そのために、たとえ企業の収支がトントンで事業所得がゼロになって、法人税を払うことができなくなったとしても、これは税法の範囲で認められることです。

しかし、だからといって、常識外のことをしてもいいということにはなりません。あくまでも整合性があり、バランス感覚が大事であることはいうまでもありません。

⑤接待・交際費の使い方も考えよう

接待・交際費については、法人の場合は資本金によって異なってきますが、資本金が千万円以下なら四百万円までを経費としておとすことができます。それ以上になると課税の対象になってきます。したがって、四百万円が接待・交際費として使える範囲なら、その枠内でいかに上手に使うかということが節税につながるメリットでしょう。

交際費の損金算入限度額

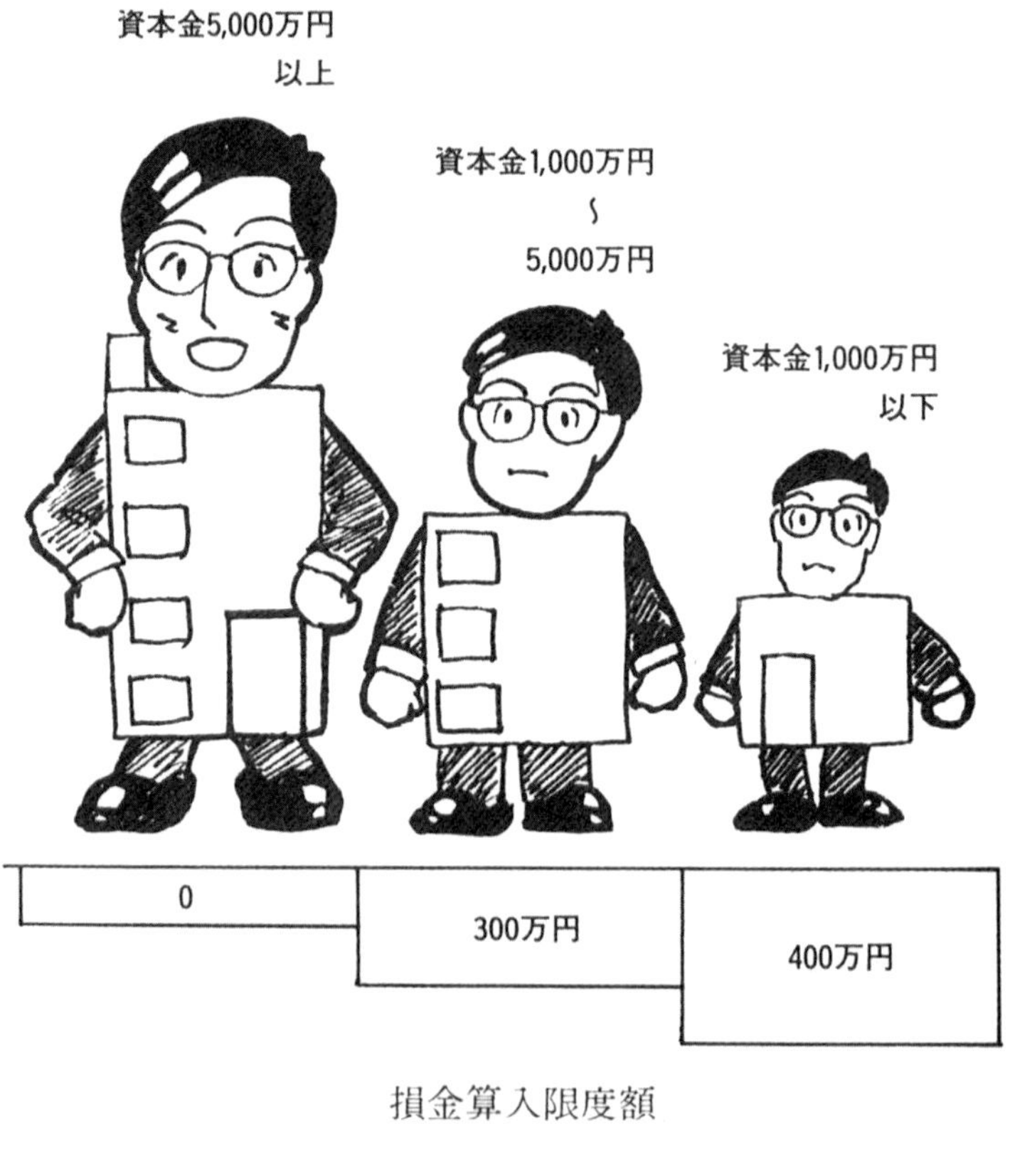

損金算入限度額

交　際　費

交際費とは…法人の得意先や仕入先など事業に関係のある人たちに接待、きょう応、物品の贈与などをするための支出です。交際費は、決算利益を計上する上では費用になりますが、法人税法上は、資本金の規模によって取扱いが異っています。

(旧) 交際費の損金算入限度額

資本金1,000万円以下の法人…………………… 年間 400万円
資本金1,000万円以上5,000万円以下の法人…年間 300万円
資本金5,000万円以上の法人…………………全額損金不算入

交際費に含まれる費用

○売上高などに応じた得意先などに対する物品の交付または旅行観劇などへの招待のための費用
○抽せんによる小売業者に対する旅行観劇などの招待のための費用
○部課長など、特定の従業員だけの忘年会、新年会などのための費用
○取引先の従業員などに対する結婚祝い金などの費用
○会議に際して、通常供与される昼食の程度を超える飲食物などの接待のための費用や会議終了後場所を変えて行った懇親会のための費用
○得意先、仕入先の従業員などに対する取引の謝礼金などの費用
○下請工場、特約店、代理店などになるための運動費などの費用
○得意先を招待するために社員などを派遣するための費用
○ホテルなどで行った創業記念パーティーなどの費用
○役員の改選に伴うゴルフクラブ会員権の名義変更などのための費用

たとえば、得意先と商談のために喫茶店でコーヒーを飲むとか、レストランでビールなどを飲んだ場合、それらを接待・交際費にするのではなく、雑費扱いか会議費などでおとして、接待・交際費は別枠にとっておくということも大事です。その場合の範囲を料理飲食税のつく二千五百円以内にするとかして、科目をはっきりしておく必要があります。

もともと接待・交際費の使途というのはあいまいなもので、領収証さえ備えておけば、そのほとんどが認められます。極端に言えば領収証を見ただけでは公用か私用かの特定はいかに税務署でもできません。家族で飲食してもその領収証で会社の接待・交際費としておとそうと思えばできるのではないでしょうか。

⑥減価償却は定率法が有利

事業用に建物や機械、車両などを購入した場合、それらの資産にはそれぞれ耐用年数が決められていて、その年数にもとづいて償却していかなければなりません。たとえば、冷暖房設備（冷凍機の出力が二二キロワット以下）が十三年、乗用車六年、トラック五年、印刷機械なら十年というように、その資産の費用は、それを買った年度に経費としておとすのではなく、決められた償却期間でおとしていかねばなりません。

減　価　償　却　資　産

区分／種類	減　価　償　却　資　産	減価償却の対象とならない資産
有形固定資産	建物、建物附属設備（冷暖房設備、昇降機、可動間仕切りなど）、構築物（下水道、へい、煙突など）、機械及び装置、航空機、船舶、車両及び運搬具、工具、器具及び備品	土地、販売目的のもの、建設中のもの、書画、骨とうなど
無形固定資産	鉱業権、漁業権、水利権、特許権、意匠権、商標権、営業権、熱供給施設利用権、専用側線利用権、電気通信施設利用権などの権利	地上権や借地権などの土地の上に存する権利、電話加入権
生　物	牛、馬、豚、果樹、茶樹、アスパラガス、パイナップルなど	飼育、養殖又は育成中の動植物など

減価償却費の計算方法

区分／種類	よるべき償却方法	
	届出をした人	届出をしない人
有形減価償却資産	定額法及び定率法のうちその届け出た方法	定　額　法
無形減価償却資産及び生物	定　額　法（届出を必要としません）	
営　業　権	任意に償却する方法及び5年間均等償却する方法のうちその届け出た方法	5年間均等償却する方法
鉱業用減価償却資産	定額法、定率法及び生産高比例法のうちその届け出た方法	生　産　高　比　例　法
鉱　業　権	定額法及び生産高比例法のうちその届け出た方法	生　産　高　比　例　法

定額法…資産が毎年同程度に減価すると考えて、償却費の額を毎年均等に割りふって償却を行う方法。

（取得価額－残存価額）×耐用年数に応じた定額法による償却率＝各年の償却費の額

減価償却の方法の選定と届出

<table>
<tr><th>区分
種類</th><th>しなければならない場合</th><th>記載しておかなければならない主な事項</th><th>提出先</th><th>期　日</th></tr>
<tr><td rowspan="3">届　出</td><td>新　規　開　業</td><td rowspan="3">①事業の種類
②減価償却資産の種類
③事業所の場所
④償却の方法
（注）様式は税務署に用意してあります。</td><td rowspan="6">所轄の税務署</td><td rowspan="3">開業や取得した翌年の３月15日</td></tr>
<tr><td>種類の異なる資産の新規取得</td></tr>
<tr><td>新たな事業所の開設</td></tr>
<tr><td rowspan="5">承認の申請</td><td>償却方法の変更</td><td>上記①から④までのほか、⑤変更前の償却方法と選定年月日、⑥変更の理由
（注）上記に同じ</td><td rowspan="2">変更や選定をしようとする年の３月15日</td></tr>
<tr><td>取替法の選定</td><td>上記①から④までのほか、⑤年初におけるその資産の数量並びに取得価額の合計額及び償却後の価額の合計額等</td></tr>
<tr><td>特別な償却方法の選定</td><td>上記①から④までのほか、⑤その方法が、定額法、定率法、生産高比例法、取替法のいずれに類するかの別</td><td rowspan="3">特に期限はありません。</td></tr>
<tr><td>耐用年数の短縮（青色申告）</td><td>上記①から④までのほか、⑤その資産の法定耐用年数と実際の使用可能期間⑥短縮の事由</td><td rowspan="2">所轄の国税局</td></tr>
<tr><td>特別な償却率による方法の選定</td><td>取替法の選定に掲げたもののほか、⑥認定を受けようとする償却率</td></tr>
</table>

定率法…初期に償却費の額を多くし、年を経るほどその額が減るように、毎年一定の率によって償却を行う方法。
（取得価額－前年末までの償却費の合計額）×耐用年数に応じた定率法による償却率＝各年の償却費の額

その償却の方法に定額法と定率法があり、定額法でいくとすれば、残存価格を償却期間で割って、一定額を毎年おとしていくやり方です。定率法は最初の期にたくさんおとしておいて、年数が経つにつれて費用を少くしていくやり方です。その定額法と定率法の内、なにを選択するかはそれぞれの企業で決めたらいいわけですが、その場合はあらかじめ税務署に届出をしなければなりません。もし届出がない場合は定率法によって償却しなければなりません。

定額法と定率法の内なにが有利かといえば、定率法が有利でしょう。その他中小法人の場合、百六十万円以上の新品の機械を買ったとき特別償却の制度もありますから、節税の観点から税理士や税務署などによく相談する方がよいでしょう。

⑦十万円基準（消耗品扱い）も考えよう

減価償却をしなければならない資産の基準は、その耐用年数が一年以上のもので、取得価格が十万円以上のものは減価償却しなければなりません。しかし、取得金額が十万円以下なら消耗品費として、それを買った年度内に経費としておとすことができます。それが十万円基準です。

たとえば、応接セットを買えば三十万円ぐらいになりますから、それが接客業用であれば五年、その他のものであれば八年間で償却しなければなりません。それを期末の十二月に椅子だけを十万円以内で買い、期首の一月にテーブルだけを買うなどして工夫すれば、ひじょうに有利に経費としておとすことができます。もし、テレビを買ったとして、それが十万円以上なら五年の償却期間が必要ですが、九万九千円なら消耗品としてその年度内に経費としておとすことができるわけです。

消耗品とは…

包装紙やセロテープなどの包装材料や文房具などの事務用品、自動車のガソリンなどの購入費用が消耗品ですが、その他、工具や器具・備品などのうち、使用可能期間が１年未満のものや取得価格が10万円未満のもので、その年に使用したものを消耗品として計上することができます。

このように、資産扱いになるか消耗品扱いになるかという十万円基準についても、節税を考える上で念頭におくことは大事なことです。

⑧出張手当は給与に入らない

節税というよりも、個人の所得を増やす点で出張手当の活用があります。たとえば、その出張が日帰りであろうが、宿泊を伴うものであろうが、それには関係なく出張手当の規定をつくっておけば、その費用はすべて会社の経費としておとせます。

遠方に出張したとき、旅費・交通費とは別に、出張手当が五千円なら五千円、一万円なら一万円と決められていたら、その手当が月五万円になったとしても、それはあくまでも会社の経費であって、個人の給与所得にはなりません。したがって源泉の対象にならないわけです。

この出張手当も金額的にはわずかであっても、規定さえ設ければ、役員もその対象になれますから、個人の小遣いを稼ぐという点からすれば大きなメリットといえるでしょう。

⑨配当すれば税金が下る

会社が利益を出して、株主や出資者に配当金を出した場合、たとえば、有限会社であれば出資口数によって配当したとき、税金が下る軽減税率というのがあります。案外この制度を知らない事業主がいますが、節税を考える上でよく研究する必要があります。

中小企業法人であれば、配当金を八百万円、六百万円、四百万円という形にするだけで、税金が何割（別表参照）か軽くなります。

⑩租税公課で気をつけること

この租税公課が法律的におかしなもので、法人税とか法人市民税・府民税が全部経費としておとしてはいけないことになっています（別表参照）。儲けたお金から払ってくれということで、ひじょうに異質な計算方法になっています。また、自分の交通違反の罰金も経費としておとしてはいけないことになっています。

配 当 課 税 検 討 表

			シミュレーション	
前期繰越利益		0円	I	II
当期利益又は当期欠損の額		14,573,934		
当期処分可能額		14,573,934	$\frac{\text{当期処分可能額}}{1.1}\times\frac{1}{2}$（万円以下切捨て）	$\frac{\text{当期処分可能額}}{1.1}$（万円以下切捨て）
利益処分	配当金	6,000,000	4,000,000円	8,000,000円
	配当率	200.0%	133.3%	266.6%
	利益準備金		400,000	450,000
	価格変動準備金			
	その他処分	8,573,934	10,173,934	6,123,934
	繰越利益	0	0	0
税額	法人税	10,152,400	10,329,800	9,975,000
	都道府県民税	654,580	665,200	643,900
	事業税	3,390,810	3,390,810	3,390,810
	市町村民税	1,619,220	1,645,240	1,593,050
	合計	15,817,010	16,031,050	15,602,760
税額の比較（実額－I、II）			△ 214,040	214,250

租税公課で経費になるものならないもの

必要経費となるもの	必要経費とならないもの
固定資産税、鉱区税、特別土地保有税、事業所税、自動車税、自動車取得税、自動車重量税、登録免許税、不動産取得税、印紙税、事業税、鉱産税、木材引取税、所得税の延納に係る利子税、各種の組合の賦課金で繰延資産に該当しないものなど。	所得税、住民税、相続税、贈与税、所得税の加算税・延滞税、地方税の加算金・延滞金など。

そのように、租税公課でも事業税、固定資産税などのように経費としておとせるものと、所得税、住民税などのように経費としておとせないものもありますから、租税公課にも十分気をつけましょう。

⑪損金でおとせない寄付金

たとえば、学校への寄付金などが損金としておとせない場合がありますから気をつけましょう。それは、神社仏閣の場合でも、国の規定にもとづく指定番号などがあって、それに該当しなければその寄付は経費として認められません。

学校の場合は番号などはありませんが、市町村から、ちゃんと受付けたという証明書がないとダメです。いったん市の財政に入らないと、たんに学校にピアノを寄贈したというだけでは、その寄付金は損金として経費にならないわけです。その点も十分気をつけなければ、税金の面で損することがあります。

⑫厚生費はどの範囲までいけるか

社員のために、淡路島の保養所に千五百万円でヨットを買ったが、税務署はそのヨットは資産として償却はできないといっていますが、その場合はどうしたらいいでしょうかという相談を受けたことがあります。

私は、ヨットを会社の厚生施設ということにして、全額を福利厚生費として計上したらどうかと言いましたが、それは可能です。たとえば、白浜に三千万円でマンションをある会社が買いましたが、そのマンションを従業員にも使わせるようにして厚生費としておとしました。このように、別荘などを社長の私物としてではなく、全部の従業員にも利用させるようにしておけば、その別荘は会社の費用で買うことができます。

また、これまで社員旅行について、国内であれば全額厚生費でおとすことができましたが、海外旅行は認められていませんでした。それがこんどから二泊三日以内の海外旅行であれば厚生費でおとせるようになりました。それに、社員の永年勤続表彰などで、会社から金一封、あるいは記念品などを贈って、旅行へつれていくということがよくありますが、これも常識の範囲内であれば厚生費でおとすことができます。

社員も使えるようにすれば
ヨットも福利厚生費

⑬保険料もよく研究しよう

会社が役員に保険をかけて、病気したりけがしたり、入院したり、死んだ場合に、その保険金が全部会社に入ってきます。その保険金を会社は弔慰金あるいは退職金の名目で全額本人に渡すことができま

福利厚生費とは…

①従業員の慰安、保健、修養などのために支払う費用。

②事業主が負担すべき従業員の健康保険、労災保険、厚生年金保険、雇用保険などの保険料。

③事業主が従業員のために負担する中小企業退職金共済事業団や特定退職金共済団体、特定業種退職金共済組合が行う退職金共済制度に基づく掛金。

④事業主が従業員のために負担する勤労者財産形成給付金契約又は勤労者財産形成基金契約に基づく信託会社等への拠出金などです。

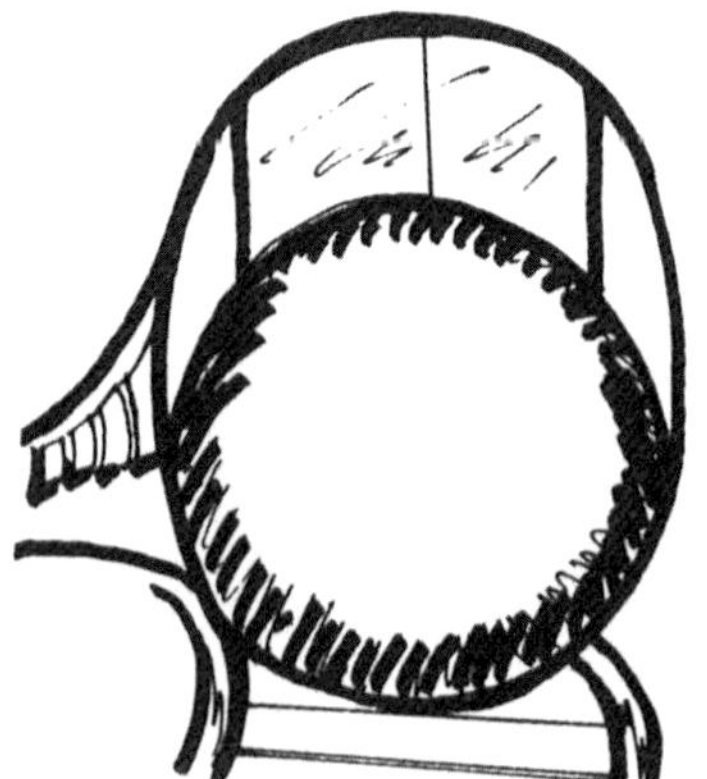

す。この保険料の掛金は会社の費用としておとすことができます。個人ならわずかな給料から二万、三万円と引かれてたいへんな出費になりますが、会社役員であれば会社の経費から損金として全額おとせますから、保険料は節税としてのメリットがひじょうに大きいといえます。

それに、いま大阪市が福利厚生の一環として、特定退職金制度というのを設けていますが、これは一人二万円までで、毎月会社の経費としておとせますから、その特定退職金制度についてもその活用を考えてみる必要があるでしょう。

もう一つは、中小企業倒産防止掛金というのがあります。これは五万円ぐらいの掛金ですが、それを二年ほど掛けますと、即刻十倍まで無担保で貸してくれます。この掛金も会社の損金としておとすことができます。

一 覧 表

経費科目	経 費 と な る も の	経費とならないもの
消耗品費	○荷造用以外の包装紙、ヒモ、テープなどの包装材料の費用 ○文房具などの事務用品、自動車用のガソリンなどの費用 ○工具、器具、備品などで使用可能期間が1年未満のもの ○工具、備品などで取得価額が10万円未満のもの	まだ使用していない貯蔵中のもの
福利厚生費	○店員など従業員のリクレーション（慰安のための祝宴、運動会、旅行など）,保健衛生修養などに要した費用 ○店主が負担すべき店員など従業員の健康保険、労災保険、労働保険などの保険料 ○店主が店員など従業員に対して負担した中小企業退職金共済事業団や特定退職金共済団体、特定業種退職金共済組合が行う退職金共済制度に基づく掛金	事業主の参加が従業員の監督等のためにどうしても必要とされる場合に限り直接要した費用のみを福利厚生費に含めるが、これ以外のものは必要経費とはなりません
利子割引料	営業用の資金や事業用の建物などの減価償却資産、土地、又は建築、改築などのための借入金に対する支払利子、受取手形の割引料、月賦など分割で買入れた資産に対する支払利子（歳入資産などの代金と支払利子とがはっきり区分できるものに限る）など	支払った利子割引料の計算期間が51年以後に及ぶ場合には、その51年分以後に該当する利子、割引料
地代家賃	店舗、ガレージ、倉庫など営業用の土地、建物の賃借料	支払った賃借料の計算期間が51年以後に及ぶ場合にはその51年分以後に該当する賃借料
貸 倒 金	売掛金、受取手形、貸付金、前渡金などが取引先の倒産などにより回収不能になったもの	営業上に関係のない貸付金など
支払手数料	商品などを販売するために支出した販売手数料や支払リベートなど	建物などの減価償却資産を購入するために支払った手数料
雑 費	上記の経費科目にあてはまらない経費	営業上に関係しないもの

必 要 経 費

経費科目	経 費 と な る も の	経費とならないもの
公租公課	○事業税、固定資産税、自動車税、不動産取得税、登録免許税、印紙税など ○商工会議所、商工会、協同組合、同業組合商店街などの会費、組合費など	所得税、相続税、住民税、国税の延滞税・加算税、地方税の延滞金・加算金、罰金、料金、過料など
荷造運賃	販売商品の荷造りに要した包装材料費、荷造人夫費、鉄道、船、自動車、航空機などの運賃、仕入商品などの引取運賃	営業上に関係のない運賃など
水道光熱費	水道料、電気代、ガス代、灯油代、薪炭代など	
旅費交通費	販売や集金など営業上に要した汽車賃、バス、タクシー代、宿泊代など	営業上に関係のない運賃、宿泊代など
通信費	電話料、切手代など	
広告宣伝費	○テレビ、ラジオ、新聞、雑誌などの広告掲載費用 ○チラシ、ビラ、福引券、サービス券の印刷費用、店名入のマッチ、タオルなどの購入費	新しく開業した場合の特別大売出しの費用や支店新設のための特別の広告宣伝費は、繰延資産として50年分の償却費相当分のみ経費となります。
接待交際費	営業上に必要なため得意先を招待した場合の観劇代や飲食代、来客用の茶菓代などの接待費用や得意先に対する中元、歳暮、慶弔などに要する費用	営業上関係のないもの
損害保険料	商品などのたな卸資産、事業用減価償却資産に対する火災保険料や車両保険料などの損害保険料	交通傷害保険料、生命保険料
損害賠償金	○事業主の行為による場合で、事業の遂行に関連し故意又は重大な過失がない場合 ○家族従業員以外の従業員の行為に関し事業主としての立場上やむを得ず負担したもの ○従業員の行為に関し事業主に故意又は重大な過失がない場合で事業遂行に関連する行為によるもの	○事業主の行為による場合で、事業の遂行に関連しない行為及び事業に関連するが故意又は重大な過失がある場合
修繕費	事業用の建物、機械器具、什器備品、車両、漁具、農具、工具などの減価償却資産の修繕に要した次のような費用 壁の塗装、ガラス戸、ガラス窓、シャッター、床の取替、畳の表替、障子、襖の張替ベルト、タイヤの取替	現状よりも価値や耐用年数が増加すると認められる資本的支出 自家用自動車の修繕やタイヤの取替

中小企業の倒産予防保険

いわゆる円高関連倒産は益々増加していますが，資金力の弱い中小企業にとっては，自社の経営危機ばかりでなく，取引先の倒産による連鎖倒産の危険性も高まりつつあります。

こうした状況に対しては国でも各種の施策を講じていますが，倒産予防対策の中でもポピュラーなものの一つに「中小企業倒産防止共済制度」があります。中小企業事業団が窓口となっている同制度は，５万円から８万円の掛金を納めることで，取引先が倒産した場合には，最高で積立て額の10倍の金額を，無担保・無保証・無利子で貸付けるもの。掛金が税務上損金に算入されるのはもちろん，返済条件も６ヵ月据置きの５年返済とされており，金融機関からの借入れに比べればはるかに有利な条件となっています。ただし，貸付けを受けるには最低でも６ヵ月の加入が条件とされているので注意が必要です。

また，倒産予防保険とは若干性質が異なりますが，取引先が多額の負債を抱えて倒産した場合や，自社が円高の影響で経営難に陥ったような場合には，信用保証協会の債務保証を前提とした無担保融資等の特例制度も設けられています。

この制度を利用すれば，最高3,000万円までの無担保融資が受けられるほか，これとは別枠で300万円を限度とした無担保・無保証の融資が受けられます。ただし，その際には，５％程度の通常金利に加えて，１％の信用保証料が必要とされている他，円高関連融資には事前の認定手続が要求されているから注意してください。

「税務通信」より

サラリーマンの節税方法

これまで、個人企業とか小法人の節税について書いてきましたが、商売人の所得というのは、経費のおとしかたでいろいろ変ってきます。しかも、それはごまかしではなく、あくまでも税法にもとづく合法的なものです。その意味で、商売人の所得というのは捕捉（ほそく）しにくいところがありますが、それにくらべて、サラリーマンの所得というのは捕捉しやすい。したがって、節税といっても、そのやり方は決まっていて、いまさら説明することもないと思いますが、案外知られていないところもありますので、サラリーマンの節税について触れることにしましょう。

①医療控除に交通費も入れているか

医療控除については、これまで五万円でしたが、昭和六十三年度分からは十万円に引上げられることになりました。問題はこの医療控除で交通費を入れるのを忘れる人がいます。

医療費は当然として、交通費については、病院の往復は認められます。タクシーに乗って領収証がなくても、家計簿などにつけていて、ある程度の信ぴょう性があればそれは認められます。もちろん、病院へ行くのに他の用事があって遠回りしたりすれば、それは認められません。その点は十分気をつけてください。

病院までの
タクシー代も
医療費控除できる

医療費控除の対象となる医療費の範囲

① 医師・歯科医師に支払った診療費、治療費。
② 治療、療養のために必要な医薬品の購入費。
③ 病院、診療所や助産所へ支払った入院費、入所費。
④ 治療のためにあん摩、マッサージ指圧師、はり、きゅう師、柔道整復師に支払った施術費。
⑤ 保健婦や看護婦または准看護婦に治療上の世話を受けた費用及び療養上の世話を受けるために、特に依頼した人に支払った療養上の世話の費用。
⑥ 助産婦による分べんの介助を受けた費用。
⑦ 次のような費用で、医師などによる診療や治療などを受けるために直接必要なもの。
 イ 通院費用、入院の部屋代や食事代の費用、医療用器具の購入代や賃借料の費用。
 ロ 義手、義足、松葉づえ、補聴器などの購入費用。
 ハ 身体障害者福祉法、精神薄弱者福祉法などの規定により都道府県や市町村に納付する費用のうち、医師などの診療費用またはイ、ロの費用にあたるもの。

医療費控除の対象とならない費用の例

① 美容を目的とした整形手術の費用。
② 健康増進や疾病予防などのための医薬品の購入費。
③ 人間ドッグなどの健康診断のための費用（ただし、健康診断の結果、重大な疾病が発見され、引き続き治療を受けた場合には、この健康診断のための費用も医療費に含まれます)。
④ 日常生活の用をたすための眼鏡、義手、義足、松葉づえ、補聴器などの購入費用。

もう一つ注意しなければならないのは、領収証の日付です。払った日が六十三年であれば、六十三年の一月一日から十二月三十一日までの日付でなかったらいけません。もし六十二年の日付であれば前の年度に申告しなければなりません。その場合、仮に領収証がなくても、病院に行ったという確証さえあれば、そのメモ書きを領収証がわりに使うこともできます。

②住宅を買うときに気をつけること

住宅の売買で気をつけなければならないのは、住民票の有無です。自分がその住宅に住んでいるのか、あるいは住もうとしているのかということです。たとえば、別荘を売ってそのお金で住宅を買おうとした場合、実際にこの別荘に住み、住民票があれば問題はないのですが、住民票がなければ居住用財産の特別控除を受けることはできません。

したがって、住宅を売ったり買ったりする場合に、住民票があるかないかで、税金面で大きく損をしたりすることがありますのでその点に十分気をつける必要があります。

③居住用財産の譲渡所得の特別控除

そこで、住宅を購入して住民票も移した場合、どれだけの特別控除が受けられるかといえば、居住用財産の譲渡所得の特別控除は、現在三千万円です。三千万円の控除といえば税額で長期なら国税で二六％の六百万円、市町村民税で六％の百八十万円、合計で七百八十万円の税金が助かることになります。もしその住宅に住民票を移してなければ逆にそれだけの税金を支払わなければなりません。

住民票があるかないかでこんな違いが…

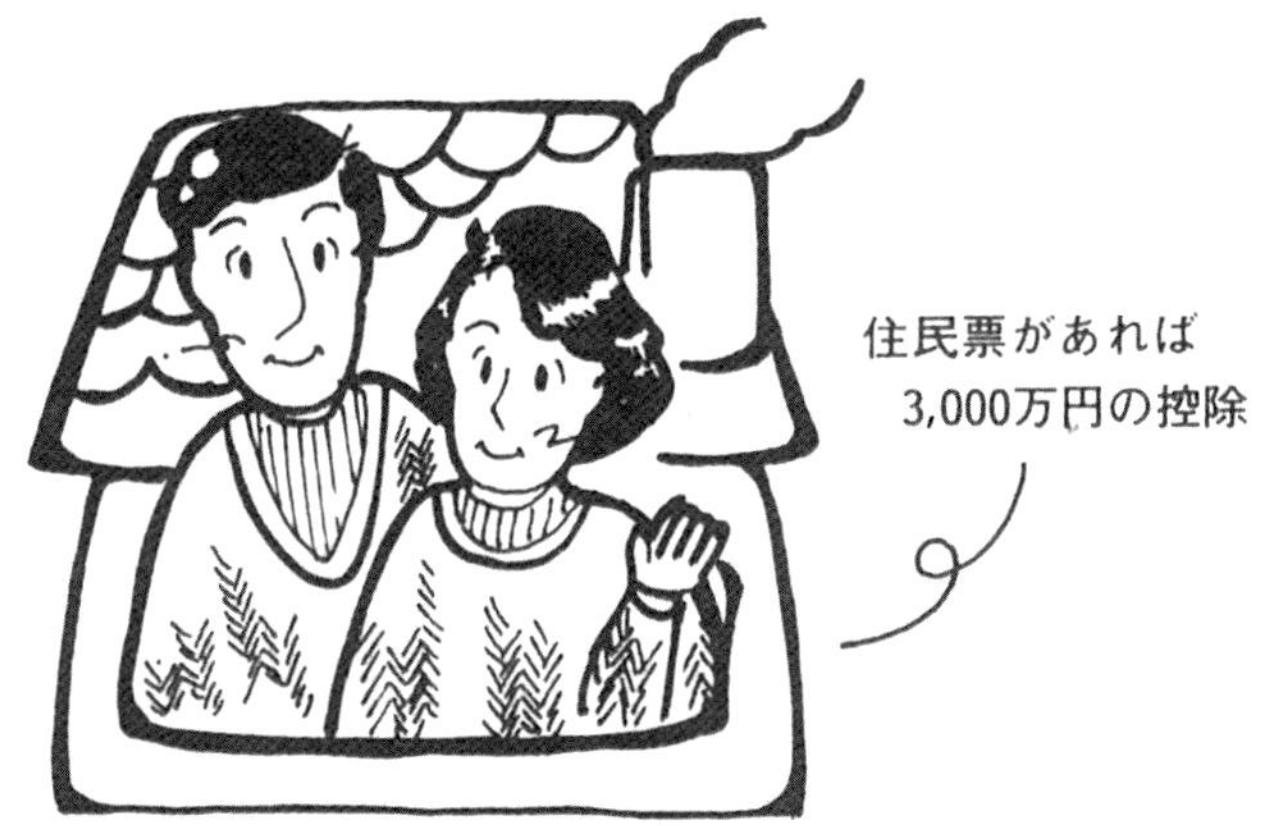
住民票があれば
3,000万円の控除

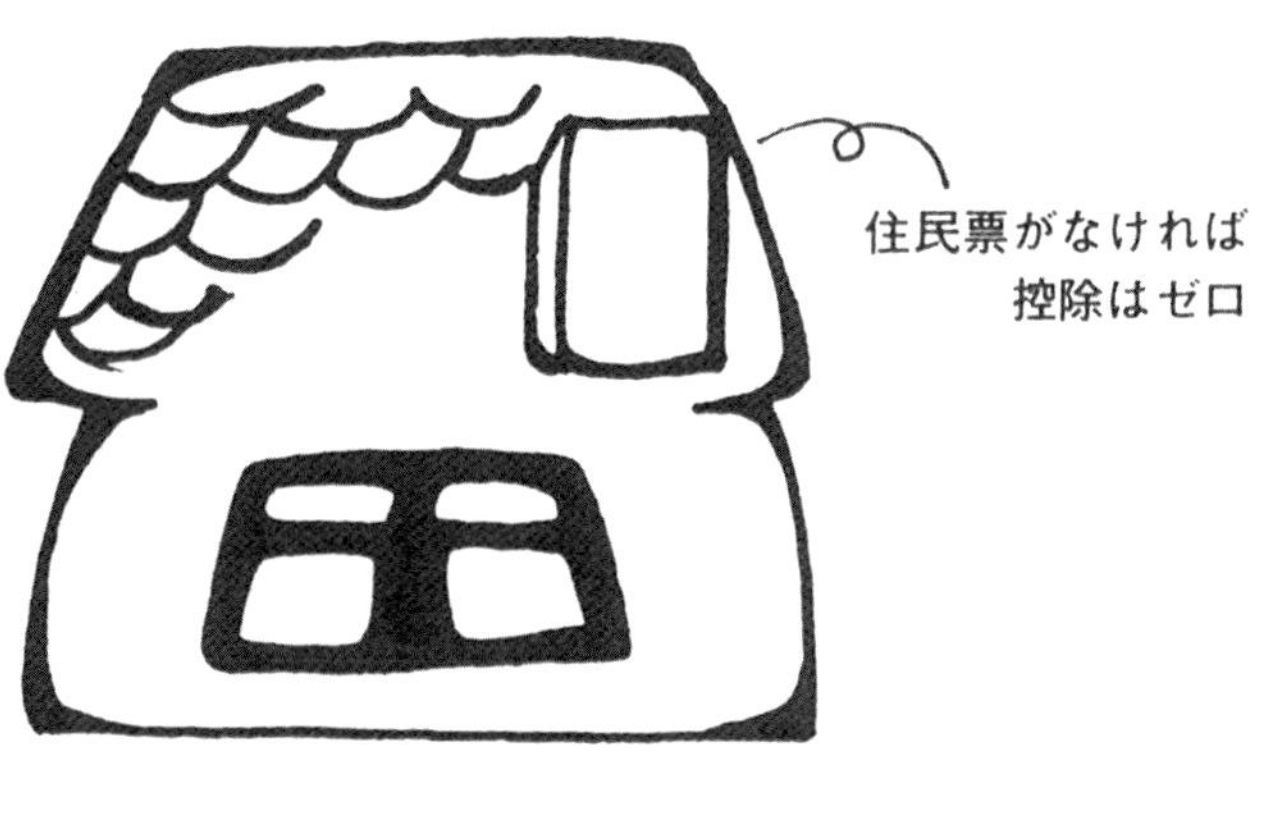
住民票がなければ
控除はゼロ

住宅ローン控除を受けるための主要な条件

1．新築住宅（マンション・一戸建て）の場合

① 新築または取得日から6ヵ月以内に入居していること。
② 借り入れした人の合計取得金額が3,000万円以下であること。
③ 登記簿に記載されている床面積が50㎡以上あること。
④ 床面積の1/2以上が自分の居住用であること。

2．中古家屋の場合

① その家屋の床面積が、50㎡以上であること。
② その家屋が建築後使用されたことのある家屋であること。
③ その家屋が取得の日以前10年（耐火建築物のものは15年）以内に建築されたものであること。

住宅取得控除の対象となる借入金など

1．民間金融機関などからの借入金または債務

① 銀行などの金融機関から借り入れた借入金（金融機関の範囲は法律で定められています）。
② 家屋の新築工事を請け負わせた建設業者からの借入金。
③ 新築家屋または中古家屋の譲渡をした宅地建物取引業者からの借入金。
④ 銀行などの金融機関、あるいは③の宅地建物取引業者である法人で、家屋の新築工事の請負い代金、または新築家屋の取得の対価が建設業者、または家屋を譲渡した者に支払われることにより、その法人に対して負担する債務。

⑤　建設業者に請負わせた家屋の新築工事の請負い代金または宅地建物取引業者から取得した新築家屋もしくは中古家屋取得の対価に係る債務。

2．公的機関などからの借入金または債務

①　住宅金融公庫、地方公共団体、沖縄振興開発金融公庫、年金福祉事業団、国家公務員等共済組合・同連合会、私立学校教職員共済組合、地方公務員共済組合又は農林漁業団体職員共済組合からの借入金。

②　控除を受けようとする人が給与所得者(注)である場合に、その使用者からの借入金。

（注）相税特別措置法第29条第１項に規定する給与所得者をいいますので、役員（法人税法第２条第15号）やその親族等の特殊関係者は含まれません。

③　事業主団体又は福利厚生会社からの借入金（雇用促進事業団からの転貸貸付けの資金に係るものに限ります）。

④　厚生年金保険又は船員保険の被保険者に対して住宅資金の貸付けを行う一定の法人等からの借入金（年金福祉事業団からの転貸貸付けの資金に係るものに限ります）。

⑤　住宅・都市整備公団、地方住宅供給公社、給与所得者の使用者、地方公共団体、日本勤労者住宅協会、国家公務員等共済組合・同連合会又は地方公務員共済組合から取得した新築家屋の取得の対価に係る債務。

⑥　事業主団体又は福利厚生会社から取得した新築家屋の取得の対価に係る債務（雇用促進事業団からの分譲貸付けの資金に係る部分に限ります）。

⑦　厚生年金保険、船員保険又は国民年金の被保険者等に住宅を分譲する一定の法人等から取得した新築家屋の取得の対価に係る債務（年金福祉事業団からの分譲貸付けの資金に係る部分に限ります）。

（注）民間金融機関あるいは公的機関などからの借入金または債務については、契約において償還期間が10年以上の割賦償還の方法または賦払期間が10年以上の割賦払の方法により返済または支払われることが条件になっています。

この居住用財産の譲渡所得の特別控除は毎年そのやり方が変ったりしますので、税理士や税務署などに事前によく相談することが大事です。

また、住宅を取得するための借入金、あるいはローンについても、一定の面積で住宅として使用する場合は、契約書とか銀行などの借入証などがあれば二千万円を限度にして住宅ローンの控除を受けることができます。

④いろいろある保険控除

保険料控除については、社会保険料、小規模企業共済等掛金、生命保険料、損害保険料などに対していろいろな控除があります。生命保険料控除については五万円、損害保険料は三千円、十年以上の長期であれば一万五千円の控除があります。

また、郵便局で五年積立（毎月一万円）の簡易保険がありますが、これも五万円の控除がありますし、こんどから積立障害保険でも三千円の控除ができるようになりました。

このように保険料についてもいろいろな控除がありますので、節税の上から保険を掛けておくことも得だといえるでしょう。

⑤よく抜ける雑損控除・寄付控除

よく見落すのが雑損控除です。水害で家屋が水につかったとか、家に泥棒が入って盗難にあったとかして、生活用資産に損害を受けたとき、一定割合の率で控除が受けられます。その場合、災害については自己の意志によらない不可抗力による損害が条件になりますし、盗難による損害の中には詐欺や脅迫による損失は含まれません。

また、日本赤十字や政治献金などで寄付をしたとき、それらを合算して一万円以上あれば、その一万円を超えた金額が控除の対象になります。いずれにしても、このような雑損控除とか寄付金控除などの控除は、請求しなければ権利放棄になりますので、よく研究する必要があります。

⑥寡婦（夫）控除なども忘れずに

その他の控除としては、障害者控除、老年者控除、寡婦（夫）控除、勤労学生控除、扶養控除などがあります。

●令和元年分の扶養控除の態様別適用一覧

区分					控除額	令和元年分
年少扶養親族		(0歳～15歳) [平16.1.2以後生]	通常		0	扶控(0)
			障害者		27	扶控(0) ＋ 障控(27万円)
			特別障害者	非同居	40	扶控(0) ＋ 特障控(40万円)
				同居	75	扶控(0) ＋ 同特障控(75万円)
控除対象扶養親族	一般の扶養親族	(16歳～18歳) [平13.1.2～平16.1.1生]	通常		38	扶控(38万円)
			障害者		65	扶控(38万円) ＋ 障控(27万円)
			特別障害者	非同居	78	扶控(38万円) ＋ 特障控(40万円)
				同居	113	扶控(38万円) ＋ 同特障控(75万円)
	特定扶養親族	(19歳～22歳) [平9.1.2～平13.1.1生]	通常		63	特扶控(63万円)
			障害者		90	特扶控(63万円) ＋ 障控(27万円)
			特別障害者	非同居	103	特扶控(63万円) ＋ 特障控(40万円)
				同居	138	特扶控(63万円) ＋ 同特障控(75万円)
	成年扶養親族	(23歳～69歳) [昭25.1.2～平9.1.1生]	通常		38	扶控(38万円)
			障害者		65	扶控(38万円) ＋ 障控(27万円)
			特別障害者	非同居	78	扶控(38万円) ＋ 特障控(40万円)
				同居	113	扶控(38万円) ＋ 同特障控(75万円)
	老人扶養親族 (70歳以上) [昭25.1.1以前生]		通常	一般	48	老扶控(48万円)
				同居老親等	58	老扶控(48万円) ＋ 同老親控(10万円)
			障害者	一般	75	老扶控(48万円) ＋ 障控(27万円)
				同居老親等	85	老扶控(48万円) ＋ 同老親控(10万円) ＋ 障控(27万円)
			特別障害者	非同居	88	老扶控(48万円) ＋ 特障控(40万円)
				同居	123	老扶控(48万円) ＋ 同特障控(75万円)
				同居老親等	133	老扶控(48万円) ＋ 同老親控(10万円) ＋ 同特障控(75万円)

※扶控…扶養控除、特扶控…特定扶養控除、老扶控…老人扶養控除、障控…障害者控除、特障控…特別障害者控除、同特障控…同居特別障害者控除、同老親控…同居老親等控除

障害者については、精神薄弱者などその認定に制約がありますが、寝たきり老人がいる場合は、たとえ障害者としての等級がなくても障害者控除を受けることができます。

障害者控除は、控除対象配偶者や扶養親族のうちに障害者があれば、その障害者一人については別表の通りです。

寡婦（夫）控除とは、夫（妻）と離婚、あるいは死別して再婚していない人について四十八万円の控除が受けられます（別表参照）。所得の低い人であれば税金がものすごく安くなりますので、大いに利用することです。

それ以外の扶養控除などは、浪人は別として大学生の二十二歳ぐらいまでがその対象になります。それ以上の年齢の人を扶養控除にする場合は、所得のないことを市役所で証明してもらわなければなりません。

⑦五年間逆のぼって控除ができる

医療控除や住宅控除などの控除については五年間逆のぼって申告できますから、もし忘れていたり、後で領収証などがでてきたりした場合には、それが五年前までのものであれば申告をして控除を受けるといいでしょう。

五年前まで逆のぼって控除ができる

日本の税法は、商売人であれ、サラリーマンであれ、申告納税制度ですから申告しなければ控除は受けられません。その点もしっかりおぼえていて、たんに基礎控除とか生命保険料だけの源泉徴収だけではなく、医療控除とか雑損控除などについても、本人が積極的に申告していく姿勢が大事です。

■（調整控除）（地法37、314の6）

税源移譲に伴い生じる所得税と住民税の人的控除の差に基づく負担増を調整するため、次の〔調整控除額〕が所得割額から控除されます。

[調整控除額]

個人住民税の合計課税所得金額が

(1) 200万円以下の場合

①と②のいずれか少ない額の５％が減額されます。

①人的控除額の差の合計額

②個人住民税の課税所得金額

(2) 200万円超の場合

[人的控除額の差の合計額－(個人住民税の合計課税所得金額－200万円)](最低50,000円)×５％減額されます。

〔道府県民税・市町村民税の配当控除〕（地附5①③）

課税総所得金額等 ＼ 配当所得の内容	1,000万円以下の場合		1,000万円を超える場合			
			1,000万円以下の部分の金額		1,000万円を超える部分の金額	
	道府県民税	市町村民税	道府県民税	市町村民税	道府県民税	市町村民税
剰余金の配当等、特定株式投資信託の収益の分配	1.2% (0.56%)	1.6% (2.24%)	1.2% (0.56%)	1.6% (2.24%)	0.6% (0.28%)	0.8% (1.12%)
一般外貨建等証券投資信託以外の証券投資信託の収益分配	0.6% (0.28%)	0.8% (1.12%)	0.6% (0.28%)	0.8% (1.12%)	0.3% (0.14%)	0.4% (0.56%)
一般外貨建等証券投資信託の収益分配	0.3% (0.14%)	0.4% (0.56%)	0.3% (0.14%)	0.4% (0.56%)	0.15% (0.07%)	0.2% (0.28%)

(注) 私募公社債等運用投資信託等の収益の分配等に係る配当所得及び特定外貨建証券投資信託の収益の分配に係る配当所得等については、配当控除は行いません。

※（　）内は指定都市に住所を有する者の平成30年度分以後の住民税

３．①寄附金税額控除（基本控除額）について条例で指定された寄附金が控除対象

②上限額：総所得金額等の30%、適用下限額：２千円

個人の住民税

(1) 市町村民税・道府県民税均等割（標準税率）

区分 税目	標準税率	復興特別税（地方財源法2）	合計
市町村民税（地法310）	3,000円	500円	3,500円
道府県民税（地法38）	1,000円	500円	1,500円
合　　計	4,000円	1,000円	5,000円

※平成26年度から令和５年度までの10年間は、東日本大震災被災地の復興財源に充てるため、年間1,000円引き上げられています。
※個人住民税における公的年金からの特別徴収制度があります。

(2) 個人住民税（道府県民税・市町村民税）所得割税速算表（標準税率）（地法35①、50の4、314の3、328の3）

課税総所得金額・課税退職所得金額（分離課税を除く）及び課税山林所得金額の合計額	道府県民税（地法35①）	市町村民税（地法314の3）
	税率　**4％（2％）**	税率　**6％（8％）**

※（　）内は指定都市に住所を有する者の平成30年度分以後の住民税

●人的控除額の所得税と個人住民税の差（令和元年分所得税、令和２年度分個人住民税まで）
※令和２年分所得税、令和３年度分個人住民税から金額が改正されます。

人的所得控除	個人住民税	所得税	差異
①　障害者控除			
イ　障害者	26万円	27万円	1万円
ロ　特別障害者	30万円	40万円	10万円
ハ　同居特別障害者	53万円	75万円	22万円
②　寡婦・寡夫控除			
イ　寡婦又は寡夫	26万円	27万円	1万円
ロ　特別寡婦	30万円	35万円	5万円
③　勤労学生控除	26万円	27万円	1万円
④　配偶者控除			
⑤　配偶者特別控除			
⑥　扶養控除			
イ　一般の扶養親族（ロからニまでに掲げる扶養親族に該当しないもの）	33万円	38万円	5万円
ロ　特定扶養親族	45万円	63万円	18万円
ハ　老人扶養親族	38万円	48万円	10万円
ニ　同居老親等扶養親族	45万円	58万円	13万円
⑦　基礎控除	33万円	38万円	5万円

（注）(2)の適用に際して次の点に留意してください。
1．課税所得金額又は課税山林所得金額が400万円以下のときに条例で簡易税額表が定められている場合にはこれにより計算することができます。簡易税額表による場合には、上記の速算表とは税額に誤差が生じる場合があります。
2．公的年金等の収入金額が400万円以下で、その年の公的年金以外の所得金額が20万円以下であるときは、その年分の所得税について確定申告書提出は不要となっていますが、この場合でも住民税申告は必要です。

12月31日の現況

所得税には配偶者・扶養等の各種控除制度が設けられていますが，これら諸控除の適用の可否は，原則として，毎年12月31日現在の現況によることとされているのは周知のところ。

これは確定申告義務のある個人事業者等や，年末調整で課税関係の終了する一般サラリーマンの別を問いませんが，たとえば,不幸にも年の途中で妻・子を失くしているような場合であれば,その年の所得税にかかる配偶者・扶養控除等の適用の可否は,12月31日ではなく，妻・子等の死亡時の現況によって判定することとされています。つまり，死亡時点で生計を一にしており，所得要件にも適っていれば，その年分については配偶者控除等が適用されるということです。

また，子弟が海外へ留学している等で年末現在に家を空けているケースもありますが，この場合でも，親元から学費や生活費を送金しているなど，生計を一にしている事実があればその子弟についても扶養控除が適用されます。

さらに，年の中途で子弟が就職したような場合でも，年末時点で同居を続けている等の生計を一にしている事実がある上，いわゆる所得要件をもクリアーしていれば扶養控除の適用が認められます。

なお，一家の大黒柱である主たる所得者が年の途中で死亡した場合や，年の途中で出国したような場合には，その時点の現況で配偶者控除等の適用の可否を判定した上で，いわゆる準確定申告や仮年調を行うことになります。

「税務通信」より

相続税・贈与税の節税方法

①遺産相続では節税できない

相続税と贈与税とでは、贈与税の方が税率ははるかに高い。相続税の三、四倍にはなるでしょう。しかし、節税方法については贈与税の方がいろいろ検討できる余地があり、相続税については全く節税の方法はありません。なお、養子縁組という方法もありますが、あまりおすすめできません。

相続税は、法律で配分の方法が決まっていて、配偶者が二分の一で、残り二分の一を子どもたちが均等割で配分するようになっています。たとえ極道息子であったとしても、法律にもとづいて配分しなければなりません。

贈与税がかからない財産

① 扶養義務者から生活費や教育費のために貰った財産。
　但し、貰った財産を自分名儀の預金などにしたり、株式などの投機に使った場合は贈与税の対象になります。
② 宗教や学術などの公益事業用財産にしたとき。
　なお、財産を貰った日から2年たってもその公益事業に使われない場合は贈与税がかかります。
③ 心身障害者共済制度にもとづく給付金の受給権。
④ 選挙のときに候補者が受けた財産。
　公職選挙法の規定によって正規の報告がなされた場合。
⑤ 個人から受ける香典・贈答品・お祝金など。
　社会的な常識の範囲であれば課税されません。
⑥ 特別障害者の信託受益権の非課税。
　特別障害者が、特別障害者扶養信託契約によって信託の受益権になった場合、そのうち3,000万円までは贈与税はかかりません。

$$\left(\begin{array}{l}\text{その年分の贈与財産}\\\text{の価額の合計額}\end{array} - \begin{array}{c}\text{基礎控除額}\\\text{（110万円）}\end{array}\right) \times \begin{array}{l}\text{速算表}\\\text{の税率}\end{array} - \text{控除額}$$

●贈与税（暦年課税）の速算表

基礎控除後の課税価格	20歳以上の者が直系尊属から贈与を受けた場合の税率（特例税率）		左記以外の贈与の税率（一般税率）	
	税率	控除額	税率	控除額
200万円以下	10%	—	10%	—
200万円超　300万円以下	15%	10万円	15%	10万円
300万円超　400万円以下			20%	25万円
400万円超　600万円以下	20%	30万円	30%	65万円
600万円超　1,000万円以下	30%	90万円	40%	125万円
1,000万円超　1,500万円以下	40%	190万円	45%	175万円
1,500万円超　3,000万円以下	45%	265万円	50%	250万円
3,000万円超　4,500万円以下	50%	415万円	55%	400万円
4,500万円超	55%	640万円		

※特例税率の適用を受けるには、贈与税の申告書にその旨を記載し、課税価格が300万円を超えるときは、戸籍謄本等を添付する必要があります。

〔相続税の速算表〕（平成27年１月１日以後の相続又は遺贈分）

各相続人が取得する金額		税率	控除額
	1,000万円以下	10%	—
1,000万円超	3,000万円以下	15%	50万円
3,000万円超	5,000万円以下	20%	200万円
5,000万円超	1億円以下	30%	700万円
1億円超	2億円以下	40%	1,700万円
2億円超	3億円以下	45%	2,700万円
3億円超	6億円以下	50%	4,200万円
6億円超		55%	7,200万円

ただし、遺留分というのがあって、遺言状で第三者にも遺産を相続する旨が書かれていた場合は、子どもたちが受け取る分の財産から、たとえば三人の子どもたちが居れば、その六分の一は、遺言状に書かれた第三者にも遺産を相続しなければならないようになっています。

このように、相続税についてはその配分が法律で決められていますので、節税の余地はありません。

②土地・建物の相続が有利

ただし、遺産相続にあたって、現金よりも土地・建物が節税になることはいえるでしょう。なぜなら、土地・建物についての税金は、実際の取引された金額にたいしてではなくて、評価額にたいしてかけられますから、現金で相続するよりもはるかに税金が安くなることはいえます。それは贈与税についても同じことがいえるでしょう。しかし、評価額は毎年上がっていきますから相続税よりも、いまの贈与税の方が相対的に安くなるということも考えられます。

しかも、いまの税制が将来どう変るかもわかりませんから、贈与税が相続税よりもはるかに税率が高いといっても、将来のことを考えたとき、生前贈与の方が有利ということもあり得ますから、その点のかねあいを十分考慮して検討する必要があるでしょう。

なにが有利か？

③親子の貸借にはきびしい

最近、よく新聞に載っていますが、相続のときに借金があったようにして相続税をごまかすことがありますが、これは明らかに脱税行為で刑事罰の対象になります。しかし、個人であれ法人であれ、借金も相続されますから、借金について債務弁済ができない段になって保証債務とかで土地を売ることになれば、それにたいして税金がかからないのは当然です。

したがって、借金を返すために土地を売った場合と、資力を喪失して倒産して土地を売った場合の二つしか税金がかかりません。それ以外は親子で貸借関係があったとしても、六親等以内、兄弟とか夫婦の場合には、実際にどれだけ現金が動いたのか特定のしようがありませんので、きびしい規制があって難しい面があります。

④生前贈与で節税を考える

遺産相続については、長男であろうと、極道息子であろうと、その配分は法律で決まっていて等分に

親子の貸借はわかりにくい

分け与えなければなりません。したがって、他の兄弟の知らない間に孝行息子とか跡とりの長男に財産を多く分け与えようとするなら、それは生前贈与しかありません。生前贈与については相続税のように法律で配分方法が決まっているわけではないが、しかし税率がひじょうに高いのでなかなか贈与しにくい面があります。

また、財産を全部贈与した後に果して面倒をみてくれるかどうかの不安もあって、そういった面からもむつかしい問題があります。そこで考えられるのは、節税方法とも関連して、少しずつ財産を贈与していくというやり方です。

⑤資産はごまかせない

財産として考えられるのは、大きくいって土地・建物・定期預金・債券などでしょう。それらの財産は、たとえば土地・建物であれば固定資産税の評価証明とか、土地・有価書で財産が全部わかりますし、株券は新聞に載るのでそれもわかります。だから、資産をごまかすことはまず不可能です。

現金はわかりにくいですが、それでも土地を売った場合には、税務署で約十年間それを把握していますので、その使途は調べればすぐわかります。ただ、サラリーマンでこつこつ金を貯めたとか、退職金とかは、贈与してもわかりにくい面があります。

したがって、生前贈与の仕方としては現金の場合は毎年分割して贈るやり方があります。

⑥百十一万円ずつ毎年贈る

最近よくやられているのは、親が生きている間に十年計画で十分の一ずつ贈っていくとか、五年計画で五分の一ずつ贈っていくとかいう方法がやられています。たとえば、通帳をこしらえて、毎年百十一万円ずつ振りこんでいく。そうすると基礎控除額年間百十万円には税金がかからず、一万円に対して千円の税金がかかりますから、その分だけ税金を払っていけばいいわけです。子どもが二人居れば一人につき百十万円の控除ですから百十万円ずつ財産を分け与えていくことができます。

そして、通帳に振りこまれるわけですから、親の財産がそれだけ減っていっていることが証拠としても残るわけですから、全く合法的な節税になります。

年間で一人
110万円までの贈与は無税

⑦土地・建物は分筆登記をする

土地・建物の不動産などは百十万円ずつ割るわけにはいきませんので、全体の五分の一を贈与して登記していくという方法があります。測量などせずに、土地なら土地の何分の何をだれに贈与するという形でやっています。たとえば、百分の二十を何年何月に長男に贈与するという具合にしていくと、五年で一〇％贈ったことになるわけです。ただその場合の欠点は登記費用がかさむことでしょう。登記そのものは、司法書士に頼めば簡単にできます。持分割合による分筆登記評価額で六十万円です（時価の三分の一）。

⑧登記の仕方を工夫する

土地や現金を贈与するときに、贈与する側の印鑑証明が必要ですが、印鑑証明の有効期間は三ヵ月ですから、その期間を利用して登記すれば経費の軽減と節税に結びつきます。

それは印鑑証明をとるとき二通作成してもらって、今年の十一月に贈与の登記をしてもらって、年明け早々の一月にまた贈与の登記をすれば、一回分の印鑑証明で二年分の贈与を受けることになるわけです。たとえば、六年かけて贈与をしようと思えば、年一回、土地などを六十万円分ずつ贈与してもらう

土地、建物の贈与は
持分割合による分筆登記で…

とすれば、本来なら六回分の印鑑証明が必要ですが、年末と年明け早々に分けてやれば、三回の印鑑証明で登記できるわけです。

そうすると、登記費用が少くすむだけではなく、分割することによって贈与税率が低く、税金もひじょうに安くなります。こんな方法で節税している人はたくさんいます。

⑨配偶者控除も活用しよう

夫婦が長い間苦労して築きあげた財産を、相手の名義にしたり、夫婦間で贈与したときに、それに税金をかけるのは不合理であるという観点から、配偶者間の贈与については、結婚して二十年以上たっている場合は、夫婦間で家や土地などの居住用不動産について、あるいはそれを買うための費用として資金を贈与したときに限って、贈与税の配偶者控除が千万円まで認められます。

それに、基礎控除額六十万円を合算すれば、年間で千六十万円の節税になります。ただし、一千万円の控除は一回だけしか認められません。

夫婦間の贈与は

1000万円まで控除　ただし一回きり

配偶者の相続税

平均寿命が80歳を超えるなど社会の高齢化が進む中，夫の死後妻の生活保障のため，遺産をすべて妻に遺すケースも少なくありません。そうなると，相続税もすべて妻に課されることになります。

相続税法では，配偶者の相続分については相続税の課税価格の2分の1相当分か，2分の1を超えても4,000万円までについては税負担させない旨を定めています。

この軽減措置を受けることができるのは，あくまで妻（あるいは夫）であり，適用する際には分割協議書か遺言で妻の相続財産の取得分を明らかにしておく必要があります。

一方，妻子を残して夫が若くして死亡したなど，財産がわずかでも相続税がかかるケースもありますが，たとえば妻が遺産全てを相続しても4,000万円に満たなければ，子に相続放棄させ，税負担なしにすることもできます。子が成年であればその子の意志に基づいて放棄するか，協議書で財産を取得しない旨を明らかにしておけば，問題はありません。未成年の場合，親が放棄などをさせることはできないため，特別代理人をたてその承認をもって財産を取得しないことにすることができます。この特別代理人は，家裁で指定することになりますが，親など相続の利害関係が絡む者は代理人とはなれません。

ただ，妻の死亡後の相続を考え，土地など毎年評価が上るものについては，できるなら子に相続させるなどの配慮を加えた方が，得策となるケースも多い。遺産の多寡等に応じて検討が必要でしょう。

「税務通信」より

確定申告で気をつけること

①基本は申告納税制度

現在、私たち国民は①勤労の義務②教育の義務にあわせて③納税の義務という三大義務を憲法によって課せられています。そして、税金については、国民によって選出された議員が国会で審議し、決めることになっています。国民はこの議会で決められた税金を納入する義務があるのです。それを租税法律主義といいますが、いうならば、封建時代にはお上が一方的に年貢を決めたのとは違って、近代民主国家では納税者自らが納付すべき税金を計算して申告するという、自主納税制度をとっているわけです。したがって税金については、サラリーマンの場合は給与所得から源泉徴収されますが、商売人などは、自ら所得を計算して税額を決め、税務署に「確定申告」をするたてまえになっています。

②二千万円以上の給与所得者の申告

サラリーマンでも、給与所得の年収が二千万円以上の人、あるいは給与所得以外に地代、家賃、原稿料などの収入があって、その給与所得以外の収入合計が二十万円をこえる場合は確定申告をしなければなりません。

基本は申告納税制度

自分の所得は自分で計算する

■所得税の確定申告

確定申告をしなければならない者	①　その年中の所得の合計額（源泉分離課税とされる利子所得及び源泉分離課税を選択した配当所得、少額配当所得を除きます。）が、すべての**所得控除額の合計額を超え**、かつ、その超える金額に対する所得税額が配当控除額と年末調整の住宅借入金等特別控除額の合計額を超える者 ②　給与等の収入金額が、**2,000万円を超える者** ③　**同族会社の役員及びその親族等**で、その法人から給与等以外に**貸付金の利子や地代家賃等の支払**を受けている者 ④　災害を受けたため、給与等について災害減免法により源泉徴収税額の徴収猶予や還付を受けた者 ⑤　常時２人以下である場合の家事使用人や外国の在日公館に勤務する者など、給与等の支払を受ける際に所得税を源泉徴収されないこととなっている者 ⑥　その年の所得について、**雑損控除、医療費控除、寄附金控除又は住宅取得等特別控除**の適用を受ける者 ⑦　退職手当等の支給者に対し退職する日までに「退職所得の受給に関する申告書」を提出しなかったため、20%〔20.42%〕の税率で所得税を源泉徴収された者で、その徴収された税額が正規の税額よりも少ない者
確定申告をしなくてもよい者	①　その年中の所得の合計額が、すべての所得控除額の合計額より少ない者、もしくは所得控除額の合計額を超える所得金額に対する所得税が、配当控除額及び年末調整に係る住宅取得等特別控除の合計額以下の者 ②　その年中の給与等の収入金額が2,000万円以下で、次のⒶ又はⒷに該当する者（但し「確定申告をしなければならない者」の欄の③、④、⑤、⑥の各項に該当する者を除きます。） Ⓐ　給与等を１か所から受けている者で、給与所得及び退職所得以外の所得の合計額が**20万円以下**の者 Ⓑ　給与等を**２か所以上から受けている者**で、次の㋑又は㋺に該当する者 ㋑　従たる給与等の収入金額と、給与所得及び退職所得以外の所得との**合計額が20万円以下**の者 ㋺　**給与等の収入金額の合計額**が、社会保険料控除・小規模企業共済等掛金控除・生命保険料控除・地震保険料控除・障害者控除・寡婦（寡夫）控除・勤労学生控除・配偶者控除・配偶者特別控除・扶養控除の**各控除額の合計額に150万円を加算した額以下の金額**で、かつ、**給与所得及び退職所得以外の所得の合計額が20万円以下**の者 （①及び②に該当する場合でも、源泉徴収税額が正規の税額より多い場合には、確定申告をすることにより還付されます。） ③　その年中の源泉徴収対象の**公的年金等の収入金額**が**400万円以下**で、かつ、**公的年金等に係る雑所得以外**の所得金額が**20万円以下**である者 ※公的年金等以外の所得金額が20万円以下で所得税の**確定申告不要の者でも、住民税の申告は必要**です。

サラリーマンで年収二千万円以上の給与所得者というのは、役員クラスということになるのでしょうが、年収二千万円以上になると「年末調整のための給与所得の源泉徴収税額表」が適用されないために確定申告をする必要があるのです。

③確定申告の期間は決まっている

いまの税制は申告納税制度であるといいましたが、その考え方の基本は、自分の所得は納税者自らがよく知っており、したがって税金の申告については、納税者自らが計算して出しなさいということです。税理士はその納税者に委任されて申告業務などを代行しているわけですが、主人公はあくまでも納税者自身です。だから、税金や所得については納税者自らがよく勉強しておく必要があります。その上で専門的な税理士とよく相談して申告するというのが大事でしょう。それはあとの項でも触れるように、税金は申告すれば終りということではなく、不審な点については税務調査があります。そのとき税務署と対応できるようにしておくためにも、自らの所得と税金については熟知しておくことが大事です。

所得税の申告期限は、翌年の二月十六日から三月十五日までとなっており、申告は必ずしも税務署でなくても、最近では商工会議所、青色申告会などの出先機関、公民館を貸りて受け付けているところもあります。

④税務署が閉ったら中央郵便局へ

たとえば、三月十五日が土曜日で税務署の業務が午前で終ったり、あるいは普通の日でも五時以降だったりして税務署の窓口が閉ったりしたときは、中央郵便局へ行って申告書を投函すればいいのです。夜中まで郵便業務をやっていますから、三月十五日の消印があればその確定申告書は有効です。

税務署がまにあわなければ中央郵便局へ
（3月15日の消印まで有効）

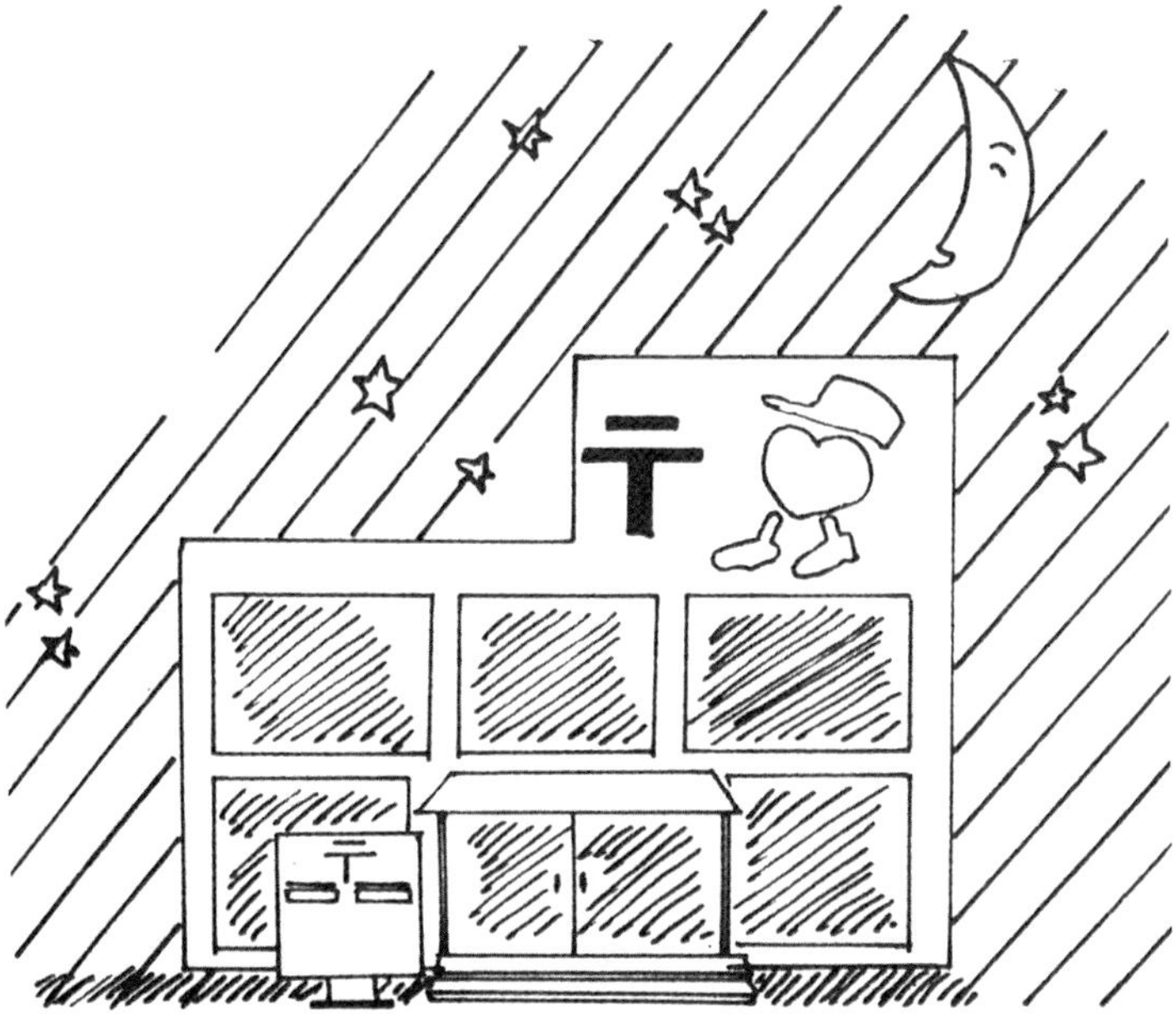

⑤確定申告を誤ったときは…

もし、税務署長宛に申告書を提出した後に、記載事項などに誤りがあることに気づいたときも、つぎのような手続きが必要です。

申告を
誤ったらどうするか

⑴提出期限内に申告書の誤りに気づいたときは、税額の増減に関係なく訂正のための申告書を提出で

きます。

⑵提出期限後、あるいは還付金を受けとった後に気づいたときは、税額が実際より少なかったり、還付金が多かったりしたときは修正申告を出して訂正します。

⑶前項とは逆に、税額が実際より多かったり、還付金が少なかったりしたときは更正の請求で訂正させることができます。

⑥申告はそのまま受け取る。しかし…

極端にいえば、確定申告は帳尻を合わせて出してもいいわけですし、郵送でもいいわけです。期限内に全国の税務署には何百万通という確定申告書が届けられるわけですから、そのまま受け取ります。

しかし、後でその申告書をコンピューターにかけて、申告に不審な点があれば税務署から調査がありますし、担当した税理士の方には「申告の適正指導について」という文書が送られてきて、事業実態に即した適正な申告をするよう指導が入ってきます。

その主な該当項目は次のとおりです。

①前年分の事後調査又は今年分の記帳内容指導の結果、非違のあった者

②同業者との比較、事業規模又は資料情報等から見て、前年分の申告額に問題があると思われる者
③今年分の申告額が前年分より低下しており、その原因が明らかでない者
④生計費などから見て、申告額に問題があると思われる者

申告書と住民票

確定申告に際しては、土地・建物の譲渡に関する特例の適用を受けるような場合には，一般には申告義務のないサラリーマン等でも申告を行う必要があります。

これに該当するのは，いわゆる「居住用財産の買換え」，「居住用財産の3,000万円控除」等の譲渡所得関連の特例，及び，適用初年度だけは確定申告が義務付けられている「住宅取得特別控除制度」など。また，贈与税の「5分5乗」特例でも，申告を条件に特例適用が認められます。

ところで，これらの申告を行うにあたっては，申告書に住民票の写しや登記簿謄本等の書類を添付することとされていますが，このうち住民票については各特例によって住民票を取るべき日付や住民票を取るべき地区が異なっていますから注意が必要です。たとえば,買換えの特例では建物等の譲渡日から2月を経過した日後に譲渡資産所在地で交付を受ける住民票を添付する他，買換え資産所在地で受ける住民票を申告書提出まで，もしくは買換資産取得日から4月以内に提出することとされています。これに対して3,000万円控除では，譲渡の日から2月経過後の譲渡資産所在地の住民票だけを添付すればよいことになっています。

一方，住宅取得特別控除や贈与特例では，特例適用家屋所在地が住所となっている住民票を添付することとされていますが，贈与特例については申告期限までに居住できない時は，居住後速やかに住民票を提出する旨の書面を申告書に添付すればよいこととされています。

「税務通信」より

税務調査にどう対応するか

①壁に耳あり

申告書の不審な点には後で税務調査が入ると書きましたが、案外気をつけなければならないのは隣近所の噂や陰口、ねたみなどです。

たとえば、税金が極端に低いのに家を買ったとか、土地を買ったとかという話が伝わってきます。あるいは、隣の子が自慢気に「うちの父ちゃん税金払ってない」と言っていたが、その割には車が二台もあるなど、そういう噂が伝わってきて、「あの家は脱税している」という投書が税務署に舞い込みます。だから、近所の噂や投書、告発というのも無視できません。その点で日頃から近所づきあいをよくするとか、まじめに事業に専念するとか、帳簿はしっかりつけておくとか、税金をごまかすということではなく、節税についてよく研究しておくということが大事になってきます。

②事後調査がくる事業所とは…

そこで、事後調査に入る事業所とはどんなところでしょうか。それについては、すでに前項で具体的に書きましたが、税務署はすべての事業所について、法人といわず個人といわず申告をコンピューター管理していますから、不審な点についてはすぐわかるようになっています。

同じ売上げなのに
なぜ荒利が違うか？

たとえば、同じ事業をしているのに、一方の事業所は千万円の利益を出し、もう一方の事業所は二百万円しかないとか、あるいは、同じ売上げがあるにもかかわらず、荒利が一方の事業所は少な過ぎるというように、すべて比較すれば不審な点が浮びあがってきます。このように売上げ所得、売上げ利益などが前期との比較、同業種との比較で簡単に出てきます。そこで極端におかしいと思う事業所には、税務署の事後調査が入ってくるわけです。

③調査のポイントはここだ

普通、税務調査は三年に一回の割合いで行われます。たまに二年に一回のときもありますがその場合、事前に通告してからくるのと、通告なしでくるのと二通りあります。

税務調査のポイントは、まず売上げにごまかしがないか、売掛金の計上もれがないか、棚卸の調整はどうなっているかということです。それに、架空仕入れ、架空人件費がないかということも重視されます。経費の面では、対前年度の経費が極端に伸びていたり、減っていたり、あるいは多額の修繕費がないかどうか、接待費はオーバーしていないかなどです。

調査のポイントは…

とくに売上げについては、経費と違って合法的な節税方法というのはないわけですから、これは明らかにつけ忘れか、ごまかしたかのどちらかになります。たとえば、食堂の残飯を養豚のエサとして売ったとか、鉄屋のスクラップ代とか、病院のレントゲンフィルムには銀が含まれているので、それを売ったりした場合は、すべて雑収入として売上げに計上しなければなりませんが、それが計上されていない場合があり、その点が税務署から指摘されることになるわけです。

④こわいのは業種別調査

税務調査でこわいのは業種別調査です。業種別調査については、国税局がどの業種を選ぶか決めるわけですが、それについては事前に税理士の方に通知がきたり、税務署長の新年のあいさつなどで触れられたりします。しかし、業種によっては何が調査されるか特に自営業者にとっては不安になってきます。たとえば、今年は医者全部を調べるとか、鮮魚屋を調べるとか、パーマ屋を調べるとかなってきますと、その対象とされた業種にとっては、たとえごまかしがなかったとしても、何が指摘されるのか不安になってくるのは当然でしょう。

調査については、特に記帳された帳簿を直接調べるということではなく、食堂ならおはしを何本使っているのか、散髪屋ならシャンプーをいくら使っているかということが徹底的に調べられます。この業種別調査というのは、往々にして事前通告なしに、数人でやってきて調べますが、税理士がかけつけたときには、すでに始末書をとられていたということがあります。したがって、事前通告なしに税務署が調査にきたときは、どのように対応すればよいのかということについて、納税者自身が知識をもっておく必要があります。

⑤通告なしの調査にどう対応するか

税務署の調査は、その八割ぐらいは事前に予告してきますが、特別調査というのは予告なしにきます。これは現金商売をしている事業所とか、特別に問題のある事業所などが対象になります。それにしても、事前に予告なしで調査にきた場合、必ずしも応じなければならないということはありません。そこで、予告なしに調査にきたときにどうすればよいのかという点について触れておきます。

まず事前通告なしに調査に来たときは、誠意をもって対応して、丁重に引きとってもらうことです。税務調査というのは、犯罪にたいする調査と違って、更正・決定など適正な課税処分を行うための資料調査を目的とした任意調査ですから、このような調査は、本来事前通知が原則であり慣行化されているものです。

通告なしの調査には…

誠意をもって対応し
丁重に引きとってもらう

昭和三十七年九月に、各国税局長、国税庁長官宛に出された通達でも、納税者に対する調査は事前に通知してから行うようにし、その場合でも、時間的余裕をもってすべきであると指摘しています。また、調査直前に電話をしていくのも慎しむようにといっていますから、もし予告なしに調査に来たときは、この通達の趣旨で引きとってもらい、調査の延期を申入れることです。

その上で、顧問税理士ともよく相談して、会社の営業時間、商売の都合も考慮しながら改めて調査の日時、場所などを連絡すればよいのです。調査の延期申入れは、調査の拒否ではありませんので、その点で確信をもって対応することが大事です。

⑥事前通告があればどうするか

では事前に通知があって調査に来たときはどうすればよいのでしょうか。税務署職員には国税調査権というのがありますから、一応調べる帳簿類については事前に電話で連絡してそれを提出させる権利があります。また、事業主はそれを拒否することはできません。

しかし、前項でも書きましたように、事前通告であっても時間的余裕は与えなければならないし、また一方的な日時指定には応じる必要はありませんから、こちらの都合のいい調査日時を連絡するようにしたらいいのです。また、税務署は調査にあたって、その会社なり事業所の顧問税理士にも事前に連絡する義務がありますから、連絡したかどうかを確認することを忘れてはなりません。

⑦調査にきたときの対応は…

税務署が調査にくるときは、税務署職員は必ずセルロイドに入った身分証明書を提示することになっています。もし、提示しないときは、まず身分証明書の提示を求めることです。

つぎに、調査だからといって、必要な書類以外に机の引き出しを勝手に開けたり、私物に手をだしたりすることは一切できませんから、調査に必要な帳簿類だけを見せるようにしましょう。もし私物に手をだしたり引き出しなどを勝手に開けたりしようとするときは拒否してもいいのです。また、税務署が必要とすれば、帳簿類などを預かって帰ることがありますが、その場合には必ず「預り証」を書くことになっていますから受け取るようにしましょう。

二回目の調査に来たときは、一回目の調査のときに指摘された箇所が問題にされます。たとえば棚卸がぬけていたとか、交際費の枠がはみでていたとかということが一回目の調査のときに指摘されていたとすれば、その点をまた調べますし、前回否認したところについては、税務署職員はその内容を細かくメモをしてついてきますから、その点についても答えられるようによく準備しておくことが大事です。

⑧税金の修正申告は罪ではない

申告した税額について誤りがあり、それで修正して申告することは罪ではありません。また誤ったからといってそれについて罰則規定もありません。それは、納税については自主申告が建前ですから、もしその申告に誤りがあれば自ら訂正して申告すればいいのです。

このような修正申告は金額にもよりますが、三年間さかのぼってすることができます。その場合、金額的に千万円から二千万円ぐらいでしたら脱税とは見なされませんが、それ以上の額になると脱税行為として起訴されることもあります。

税金の修正は罪ではない

したがって、税務署職員が税務調査で訪ねてきたときに、いくらか修正申告に応じる方が得策と思われる場合がでてきます。それは税務署職員は目に見えないぐらい調べる件数が多く課せられていますから、なんの成果もなく帰るのがつらいときだってあるでしょう。そのときいくらかの修正の余地を残していて、「修正を書きます」といえば、「マルサの女」といえども深く立ち入らずに帰る場合もあるのではないでしょうか。

⑨客のふりして事前調査も

警察は犯罪容疑があるときに訪ねてきますが、税務署は犯罪容疑がなくても訪ねてきます。いわゆる税務調査がそれです。

税務調査に入る前には、必ず事前にいろいろと調査をしてきているとみていいでしょう。それは提出された申告書をじっくり調べるだけではなく、映画「マルサの女」にもあったように、実際にパチンコをしたり、飲食したりして調べることもあります。

たとえば、飲食店であれば、二人で午後六時頃に来てビール一本とつまみをとり、一人はジュースを飲んで帰るわけです。その後で税務調査のときに当日の売上げ伝票を調べて、飲食代が売上げに計上されているかどうかを調べて、もし売上げに計上されていない場合は、税額の申告を修正した上で三年前に逆のぼって徴収されますから相当の額になります。

喫茶店や食堂などについては、だいたいどれくらいの客が出入りしているかはわかっていますから、見知らぬ客が入ってきたら「マルサの女」と思えということになるでしょうか。

⑩金を預けるなら郵便局か銀行か？

所得が三百万円から四百万円しかない事業所で、銀行に一億円の預金があることがわかって、五年間もさかのぼって徹底的に調べられたところがあります。所得からみて預金の額が多過ぎることに税務署が不審をもったからです。

税務署の印鑑があれば、銀行の預金を調べることができますし、銀行はその調査を拒むことはできません。しかし、郵便貯金を調べることはひじょうに手間がかかります。なぜなら、それは銀行も税務署も同じ大蔵省の管轄であるのにたいして、郵便局は郵政省の管轄というところからくるのでしょうか。なかなか調べにくいようです。それは、税務署が郵便預金を調べようと思えば、郵便局長を経由して決裁を求めなければならないし、許可がおりたとしても、それまでにたいへん時間がかかりすぎて、事実上調べる意味をもたなくなるからです。

だから財産のある人で、郵便局に預ける人が多いというのもその辺に事情があるといえるでしょうか……。しかし、郵便局は民間の銀行にくらべてサービス面で至らないところもあり、小切手や手形の発行、借入れなどについては電話一本で銀行は走ってきますから、その面からは銀行が得策ともいえるでしょう。

要は、利用者がその利点と欠点をよくわきまえて利用することです。

お金はどこに預ける方がいいか？

⑪税金にも時効がある

民法一四四条では、消滅時効の規定があって、債権債務について時効が成立する時期が決められています。それと同じように国税法一四条では、国税や地方税についてすでに決められた税金の債務でも七年もたてば時効が成立するようになっています。

しかし、実際には中小企業や個人企業では税務調査を受けてから前年度の申告を修正する場合は三年が限度とされています。七年も前の申告を修正されれば、納税者は立腹し税務署に苦情を申し立てるでしょうが、常識としては三年前まで逆のぼるのが現状です。

租税債務の時効について〈解説〉

一般に、租税債券債務関係について、その消滅原因として、時効を制度のうえで認めるには、税法なり税条例なりの規定を必要とする。時効の期間、中断、停止など、すべて、法規の定めるところによらなければならないのである。国税通則法の72条と73条、国税法の14条、地方税法の18条と18条の２の規定などは、国税、地方税の具体的に確定した租税債務の消滅時効についての規定である。税の時効については、このように、税法や税条例に別段の定めがある場合のほかは、民法における消滅時効の規定が準用されるものと定められているのである。時効の期間は、関税を除く国税と地方税とについては７年となっている。

税理士さんといかに付き合うか

最後に、税務に関する専門家としての税理士さんとどのようにお付きあいしたらいいのかという点について簡単に書いておきます。

①税理士にもいろいろなタイプがある

いま全国に税理士が約五万人いますが、税理士にもいろいろなタイプがあります。まず難関の税理士試験を受けてきた人、それから税務署に定年までいて、そこで資格をとったいわゆるＯＢＯＧの人、公認会計士や弁護士、大学院卒などさまざまです。

税理士の業務としては、税理士法によって①税務代理②税務書類の作成③税務相談などを行うほか、税理士業務に付随して財務書類の作成、会計帳簿の記帳代行などを行っています。

②それぞれ得手・不得手がある

そのようなかで、もし利用するとしたら税務署との折衝については税務署上りの税理士、決算とか実務を見てもらうのは試験組の税理士さんに頼むようにすれば理想的です。また、それぞれに得手・不得手がありますから、法人関係にくわしい税理士、所得税が得意な税理士、譲渡についてくわしい税理士といますから、やはり一人の税理士に頼むのではなく、複数の税理士に頼むのがいいのではないでしょうか。

主な税金の種類と除外税目一覧

●国　　税

- 直接税
  - 取得税
    - 所得税
    - 法人税
  - 財産税
    - 相続税
    - 贈与税
- 間接税等
  - 消費税
    - 酒税
    - 砂糖消費税
    - 揮発油税
    - 地方道路税
    - 石油税
    - 航空機燃料税
    - 石油ガス税
    - 物品税
    - 入場税
    - トランプ類税
    - 電源開発促進税
  - 流通税
    - 有価証券取引税
    - 通行税
    - 取引税
    - 取引所特別税
    - とん税
    - 特別とん税
    - 印紙税
    - 自動車重量税
    - 登録免許税
    - 日本銀行券発行税
    - 関税

●都道府県税

- 普通税
  - 府県民税
  - 事業税
  - 不動産取得税
  - 府県たばこ消費税
  - 娯楽施設利用税
  - 料理飲食等消費税
  - 自動車税
  - 鉱区税
  - 狩猟者登録税
  - 固定資産税（特例）
- 目的税
  - 自動車取得税
  - 軽油引取税
  - 入猟税
  - 法定外普通税（核燃料税ほか）

●市町村税

- 普通税
  - 市町村民税
  - 固定資産税
  - 軽自動車税
  - 市町村たばこ消費税
  - 電気税
  - ガス税
  - 鉱産税
  - 木材引取税
  - 特別土地保有税
- 目的税
  - 入湯税
  - 事業所税
  - 都市計画税
  - 水利地益税
  - 共同施設税
  - 宅地開発税
  - 国民健康保険税
  - 法定外普通税（犬税ほか）

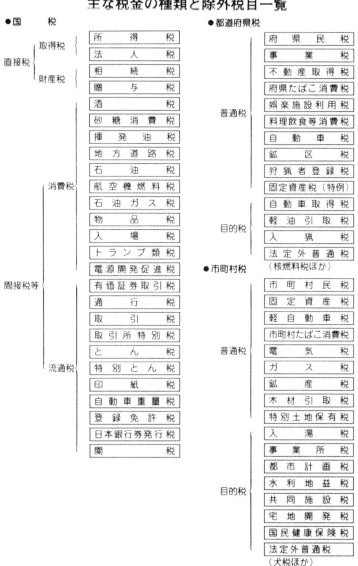

税理士の業務(税理士法より抜粋)

第２条　税理士は、他人の求めに応じ、租税（通行税、印紙税、登録免許税、関税、法定普通税第８条の２第４項に規定する市町村法定外普通税及び同法第13条の３第４項に規定する道府県法定外普通税をいう。)その他の政令で定めるものを除く。以下同じ。)に関し、次に掲げる事務を行うことを業とする。

一　税務代理(税務官公署(税関官署を除くものとし、国税不服審判所を含むものとする。以下同じ。)に対する租税に関する法令若しくは行政不服審査法の規定に基づく申告、申請、請求若しくは不服申立て（これらに準ずるものとして政令で定める行為を含むものとし、酒税法第２章の規定に係る申告、申請及び不服申立てを除くものとする。以下「申告等」という。)につき、又は当該申告等若しくは税務官公署の調査若しくは処分に関し税務官公署に対してする主張若しくは陳述につき、又は代行することをいう。)

二　税務書類の作成（税務官公署に対する申告等に係る申告書、申請書、請求書、不服申立書その他租税に関する法令の規定に基づき、作成し､かつ、税務官公署に提出する書類で大蔵省令で定めるもの（以下「申告書等」という。)を作成することをいう。)

三　税務相談（税務官公署に対する申告等、第１号に規定する主張若しくは陳述又は申告書等の作成に関し、租税の課税標準等第２条第６号イからへまでに掲げる事項及び地方税に係るこれらに相当するものをいう。以下同じ。)の計算に関する事項について相談に応ずることをいう。)

2　税理士は、前項に規定する業務のほか、税理士の名称を用いて、他人の求めに応じ、税理士業務に付随して、財務書類の作成、会計帳簿の記帳の代行その他財務に関する事務を業として行うことができる。ただし、他の法律においてその事務を業として行うことが制限されている事項については、この限りでない。

③何でも聞くこと

税金にはいろいろな種類があり、実務も繁雑です。法律も網の目のようにあって、それが毎年毎年変っています。まさに知っていたら得をし、知らなかったら損をします。

税理士はその税金や税法に熟達したプロですから、なんでも聞くことが、まず税理士をうまく利用する法です。

④記帳指導もやっている

商売で儲けようとしたら、やはり記帳をしっかりして、どれだけ儲かっているか、どこで損をしているかわかることです。

青色の場合は、最低、現金出納帳、預金帳、現金出納帳の記帳ができなければなりません。また、領収証、請求書の綴り方もしっかり身につける必要があります。

⑤土地・建物の売買は税理士に相談を

土地・建物の売買にあたっては、前もって税理士に相談した方がなにかにつけて有利です。たとえば、土地なら四年目に売るか五年目に売るかで税金が大きく違ってきますし、大阪市内で長年もっている土地を売って、豊中市とか八尾市、吹田市の土地を買った場合、税金がゼロという場合もあります。

土地の売買は
まず税理士に相談を

⑥経営指導もやっている

ＴＫＣには現在六千人の税理士が参加して全国委員会をつくっていますが、その六千人の税理士が顧問になっている黒字企業十三万五千社の経営実態をまとめた「ＴＫＣ経営指標」というのがあり、婦人・子供服小売業者などの対前年比の経営指標、一人当りの売上げなどが一目でわかるようになっています。

したがって、その経営指標にもとづいて経営分析をし、自分の会社が上向きになっているのか下を向いているのか、あるいはどこに重点をおいて商売をしたらいいのかという点について親切にアドバイスもしています。

このように、税理士はたんに税金の問題だけではなく、経営相談にものっていますから企業の発展のためにも大いに利用することです。

「TKC経営指標」をもとに
経営の指導も…

分 析 表

昭和 62 年 2 月 1 日から（期首から）
昭和 62 年 7 月 31 日まで（6 か月）

TKCコンピュータ会計事務所 提供

3 変動損益計算書

（単位千円）

項目			当期(A)	構成比	前年同期(B)	構成比	対比(A/B)	注	従事員労累計(当期)	従事員労累計(前期)	対比(当期/前期)
売上高		㋐	80218	1000	72034	1000	1114		5729	4967	115.3%
変動費	仕入高 仕入高	㋑	16646	208	14954	208	1113		1189	1031	115.3%
	仕入高 (△)たな卸高増減	㋒	-970	-12					-69		
	仕入高 小計	㋓	17616	220	14954	208	1178	*	1258	1031	122.0%
	外注加工費	㋔	603	08	887	12	680		43	61	70.5%
	消耗品費	㋕	800	10	379	05	2111	*	57	26	218.6%
	その他	㋖									
変動費合計 (㋓〜㋖)		㋗	19021	237	16221	225	1173	*	1358	1118	121.5%
限界利益 (㋐−㋗)		㋘	61196	763	55813	775	1096		4371	3849	113.6%
固定費	外注加工費	㋙									
	人件費 労務費	㋚	22494	280	20719	288	1086		1606	1428	112.4%
	人件費 役員報酬	㋛	5650	70	4800	67	1177	*	403	331	121.9%
	人件費 販管人件費	㋜	2832	35	2400	33	1180	*	202	165	122.2%
	人件費 小計	㋝	30977	38[illegible]	27919	388	1110		2212	1925	114.9%
	減価償却費	㋞	3100	39	600	08	5167	*	221	41	535.1%
	租税公課	㋟	602	08	2863	40	211		43	197	21.8%
	賃借料・地代家賃	㋠	3960	49	3960	55	1000		282	273	103.6%
	支払利息割引料	㋡	312	04	360	05	865		22	24	89.6%
	その他	㋢	4348	54	6556	91	663		310	452	68.7%
	(△)たな卸高増減	㋣	-265	-03					-18		
固定費合計 (㋙〜㋣)		㋤	43566	543	.42260	587	1031		3111	2914	106.8%
経常利益 (㋘−㋤)		㋥	17629	220	13552	188	1301	*	1259	934	134.7%
特別損益		㋦			2525	35				174	
税引前当期利益		㋧	17629	220	16077	223	1097		1259	1108	113.6%
総買入高(㋗+㋒+㋝−㋛+㋣)		㋨	58252	726	57882	804	1006		4160	3991	104.2%

（注）売上高のすう勢比（A/B）を超える項目のすう勢比に＊印を表示しています。

備考	① 概算たな卸高の計算		② 売上予定原価率	③ 従事員数		④ TKC経営指標		単位	
	当月末たな卸高 ㋩	6071	売上高4111（66.5%）	当月	14.0人	分類水準	中分類	当月	
	当月末概算たな卸高 ㋪	1664	売上高4112（ %）	期中平均	14.0人	参照頁	230頁	当期累計	
	概算たな卸高算入後の当期利益 ㋫	13223	売上高4113（ %）	前年同月	14.0人	従事員数	15.2人	前年同月	
	(注)本表の各分析値には「概算たな卸高㋪」を算入して □ います/ [＊] いません。			前期平均	14.5人	売上規模	1.5億円	前期累計	

4 利益管理のための参考資料

基準		損益分岐点	前年同期(B)	対前年売上高比率	対前年加工高比率	対前年人件費比率	調整
目標経常利益（千円）		0	13,552	(111.4%) 15,097	(109.6%) 14,853	(111.0%) 15,043	
売上高	不足額（千円）						
	安全余裕額（千円）	23,109	5,344	3,319	3,639	3,390	
限界利益率	要上昇率（%）						
	安全余裕率（%）	21.98	5.08	3.16	3.46	3.22	
固定費	要圧縮額（千円）						
	安全余裕額（千円）	17,629	4,077	2,532	2,776	2,586	

日本語月例経営分析表・E－4

月例経営

商号　株式会社　○○企画　　　（ 9999/001）

昭和 62年　7月　31日現在

1 収益性分析

区分	分析比率名	62年 7月(A)	62年 1月(B)	差異(A－B)	対比(A/B)	動向	同業者比較 TKC経営指標(62年版)	評
	総資本営業利益率 (%)	25.0%	14.7%	10.3%	1698	↗	7.4%	◎
	総資本経常利益率 (%)	25.9%	14.5%	11.4%	1785	↗	5.6%	◎
	自己資本利益率(税引前) (%)	37.7%	21.7%	16.0%	1737		23.3%	
原因分析 ①資本回転率（活動性）は？	総資本回転率 (回)	1.2回	1.1回	0.1回	1045		1.6回	△
回転期間	総資本 (日)	309.8日	323.6日	-13.8日	957		228.6日	△
回転期間	流動資産 (日)	193.2日	200.1日	-6.9日	965		134.6日	△
回転期間	現金・預金 (日)	44.6日	52.5日	-7.9日	849		47.4日	
回転期間	売上債権 (日)	133.4日	131.3日	2.0日	1016	↘	67.6日	△
回転期間	たな卸資産 (日)	15.2日	16.2日	-1.0日	939	↗	9.3日	△
回転期間	その他流動資産 (日)	日	日	日		↗	10.4日	◎
回転期間	固定・繰延資産 (日)	116.6日	123.5日	-6.9日	944		94.0日	△
回転期間	有形固定資産 (日)	80.0日	84.7日	-4.7日	944		76.7日	△
回転期間	流動負債 (日)	73.9日	88.5日	-14.6日	835	↗	101.8日	◎
回転期間	買入債務 (日)	30.2日	29.4日	0.8日	1028	↘	38.9日	◎
回転期間	買入債務（支払基準） (日)	146.2日	131.4日	14.7日	1112	↘	95.8日	△
回転期間	固定負債 (日)	23.3日	36.1日	-12.8日	644	↗	70.1日	◎
回転期間	自己資本 (日)	212.6日	199.0日	13.6日	1068		56.4日	
原因分析 ②売上高利益率は？	売上高営業利益率 (%)	21.2%	13.1%	8.2%	1626	↗	4.6%	◎
	売上高経常利益率 (%)	22.0%	12.9%	9.1%	1709	↗	3.5%	◎
対売上高比率	売上総利益率 (%)	39.0%	33.4%	5.6%	1168	↗	32.0%	◎
対売上高比率	材料費 (%)	21.9%	20.2%	1.8%	1088	↘	18.6%	△
対売上高比率	労務費 (%)	28.3%	32.7%	-4.4%	866	↗	19.3%	△
対売上高比率	外注加工費 (%)	0.8%	1.1%	-0.4%	673	↗	18.4%	◎
対売上高比率	経費 (%)	10.0%	12.6%	-2.6%	793	↗	8.9%	
対売上高比率	販売費・一般管理費 (%)	17.7%	20.3%	-2.6%	874	↗	27.4%	◎
対売上高比率	販管人件費 (%)	10.6%	9.6%	1.0%	1101	↘	16.3%	◎
対売上高比率	営業外収益 (%)	1.1%	1.6%	-0.4%	719		1.5%	
対売上高比率	営業外費用 (%)	0.4%	1.8%	-1.4%	220	↗	2.6%	◎
対売上高比率	支払利息割引料 (%)	0.4%	0.8%	-0.4%	472	↗	2.0%	◎

2 生産性/安全性分析

区分	分析比率名	62年 7月(A)	62年 1月(B)	差異(A－B)	対比(A/B)	動向	同業者比較 TKC経営指標(62年版)	評
生産性分析	1人当り売上高(月) (千円)	954千円	861千円	93千円	1108	↗	864千円	
生産性分析	1人当り人件費(月) (千円)	368千円	365千円	3千円	1009		308千円	
生産性分析	1人当り総資本 (千円)	9,727千円	9,168千円	559千円	1061		6,496千円	
生産性分析	1人当り有形固定資産 (千円)	2,510千円	2,400千円	110千円	1046		2,178千円	
生産性分析	加工高設備生産性 (%)	348.2%	335.0%	13.1%	1039		281.9%	◎
労働生産性	加工高(粗利益)(月/人) (千円)	728千円	670千円	58千円	1087	↗	511千円	
労働生産性	付加価値額(月/人) (千円)	673千円	590千円	82千円	1140	↗	419千円	
生産性分析	労働分配率(加工高) (%)	50.6%	54.5%	-3.9%	928	↗	60.2%	◎
生産性分析	加工高(粗利益)比率 (%)	76.3%	77.8%	-1.5%	981	↘	59.2%	◎
安全性分析	流動比率 (%)	311.0%	222.5%	88.6%	1398	↗	133.9%	◎
安全性分析	当座比率 (%)	289.7%	202.4%	87.3%	1431	↗	116.0%	◎
安全性分析	預金対借入金比率 (%)	150.0%	121.5%	28.5%	1235	↗	47.8%	◎
安全性分析	固定比率 (%)	205.0%	160.8%	44.2%	1275	↗	62.3%	◎
安全性分析	固定長期適合率 (%)	220.5%	184.9%	35.6%	1192	↗	137.0%	◎
安全性分析	自己資本比率 (%)	73.8%	63.2%	10.6%	1167	↗	25.3%	◎
安全性分析	経常収支比率 (%)	109.4%	119.2%	-9.8%	918	↘	106.1%	□
安全性分析	実質金利率 (%)	-9.0%	93.9%	-102.9%	-	↗	7.6%	
損益分岐点分析	損益分岐点売上高(月) (千円)	9,518千円	10,429千円	-911千円	913	↗	12,364千円	◎
損益分岐点分析	経営安全率 (%)	28.8%	16.5%	12.3%	1742	↗	5.9%	◎
損益分岐点分析	限界利益率 (%)	76.3%	77.8%	-1.5%	981	↘	59.2%	◎
損益分岐点分析	平均固定費(月) (千円)	7,261千円	8,109千円	-848千円	895	↗	7,321千円	□
成長性	対前年売上高比率 (%)	111.4%	104.0%	7.4%	1071	↗	108.0%	

（注）「動向」欄の矢印は右上りが良い傾向を示します。

TKC

税理士会

税理士の使命，職責の重要性から，その義務の遵守や業務の改善進歩のために，税理士に対する指導，連絡，監督に関する事務を行うことを目的として，税理士法に基づいて設立された法人。

税理士業務の改善，広報活動の実施，税理士の登録に関する事務などのほか，確定申告期の税の無料相談，経営指導所の設置など税務指導や記帳指導について幅広い活動を行っています。

税理士会は地域ごとに設立され，この税理士会を会員とする全国組織として，日本税理士会連合会があります。

「私たちの税金」より

アメリカの会計士制度

実は，アメリカには税理士制度と公認会計士制度というのがなくて，全部会計士制度になっています。会計士は約百万人といて，日本のように試験がむずかしいということはありません。ですから，会社へ行けば部長も会計士，課長も会計士だったりするわけです。社員にも会計士がいたりという具合です。

日本の場合は，公認会計士が約15,000人ぐらい，税理士は実際に働いている人で4万人から5万人という具合で，アメリカとではその数でも制度の上でも大きな違いがあります。

また，アメリカでは税務署が直接企業を訪ねて調査をするということはありません。全部会計士のところへ行って処理をしています。会計士は顧問先から貰う顧問料の中から，その2割なり，3割なりを保険に入って，もし企業が税務署にあげられるようなことがあれば，会計事務所がこの保険で補償することになっています。その点が日本と大きく違うところです。

税金Ｑ＆Ａ

この「税金Ｑ＆Ａ」は、ＴＫＣ広報部発行の『税金ア・ラ・カ・ル・ト』から著者の承認を得て引用掲載しました。

Q　非課税あれこれ

非課税についていろいろな規定があるようですが、どんな規定があるのでしょうか。また、資産の譲渡による所得には税金がかからないと聞いているのですがいかがでしょうか…。

A

まず、非課税になるもののうち、主なものをあげるとつぎのようなものがあります。

①預貯金の利子など……郵便貯金の利子、小学校や中学校などに預け入れた子供銀行の預貯金の利子、納税準備預金の利子などには課税されません。なおマル優制度については昭和六十三年四月一日から、老人、母子家庭、身体障害者に対する利子非課税制度に改組されます。

②年金などの給付金……傷病者の増加恩給、傷病賜金や傷病年金など、学資にあてるために給付される金品や扶養義務者間で扶養義務を履行するために給付される金品など。

③給与所得者が受ける職務上の給付……通常必要とされる職務上の出張旅費、転任、就職または退職した者の転居などのための旅費、死亡により退職した者の遺族の転居費用などは非課税になります。

資産の譲渡による非課税については、生活に通常必要な家庭用動産の譲渡所得には税金はかかりませんが、宝石、貴金属、書画、骨董など、三十万円を超えるものの譲渡所得には税金がかかります。

その他については、相続税法の中で、墓や祭具などや相続人が取得した生命保険のうち、法定相続人一人につき二百五十万円までの金額、そして相続人が取得した死亡退職金、功労金のうち、法定相続人一人につき二百万円までの金額などは非課税とされます。

贈与税法の中では、法人からの贈与財産（ただし、所得税はかかります）とか、親子などで生活費、教育費にあてるため使った財産のうち、通常必要と認められるものや、香典、花輪代、お中元、お歳暮などの贈答品、お祝いや見舞金などは非課税の対象となります。

印紙税法では、記載金額一万円未満の不動産などの譲渡、消費貸借、運送に関する契約書は必要ありません。記載金額一万円未満の請負に関する契約書、記載金額十万円未満の約束手形や為替手形、記載金額六百円未満の物品切手、受取金額が三万円未満の領収証、物品の受取書なども課税されません。

また、特別法の規定によって、公害被害者の補償給付、雇用保険の失業給付などと同様に非課税となります。なお、非課税のこれらの中には、多くの但し書きがありますからよく気をつけてください。

Q　パート・アルバイトの控除について

主婦のパート、アルバイトの配偶者特別控除と学生アルバイトの税金について教えてください。

A

パートに出たのはよいのですが、思わぬ税金がかかって戸惑っている人もいるようです。給料の額によっては、ご主人の配偶者控除の対象からはずされてしまった例もあり、気をつけなければなりません。そこで、その対応策として、今回、配偶者特別控除十六万五千円（昭和六十二年分は十一万二千五百円）が追加されました。つまり、この制度は次の算式にもとづいて計算された金額が特別控除されるというものです。

①控除対象配偶者に該当する配偶者を有する場合

(イ)　配偶者に所得がない場合……一六五、〇〇〇円

(ロ)　配偶者の所得の全部が給与等の所得である場合……一六五、〇〇〇円─（配偶者の所得金額×三三分の一六・五）

(ハ)　配偶者の所得全部が給与等以外の所得である場合……一六五、〇〇〇円─（配偶者の所得金

額額×三・三分の一六・五）

②控除対象配偶者に該当しない配偶者を有する場合

（イ）配偶者の所得の全部が給与等の所得の場合……一六五、〇〇〇円―（配偶者の所得金額―三三〇、〇〇〇円）

（ロ）配偶者の所得の全部が給与等以外の所得である場合……一六五、〇〇〇円―（配偶者の所得金額×三・三―三三〇、〇〇〇円）

なお、ここでいう給与等とは、給与所得と自己の勤労にもとづいて得た事業所得と雑所得を指しています。

つぎに学生アルバイトの税金についてですが、通学、勉学の合間をみて、なんらかの勤めをもつ場合は、税法ではれっきとした給与所得者となりますので、源泉徴収が必要です。ただ、サラリーマンと違う点は、通常、給与所得控除後の金額が五十八万円以下であれば、つまり、年収百十五万円以下の学生については基礎控除三十三万円のほかに、さらに勤労学生控除二十五万円の恩典があり、税金がゼロになります。

夏休みなどの短期アルバイトや二ヵ月以内の臨時アルバイトに限り源泉徴収は通常の月額表ではなく、日額表丙欄を適用します。

サラリーマンのアルバイトについては、たとえば特技を生かして原稿を書いたり、設計したり、作曲をして別途収入のある場合は、それが継続、反復して事業というにいたらないものは雑所得となります。この雑所得の年額から経費を差し引いた額が二十万円を超えると、給与所得と合算して確定申告をしなければなりません。

勤労のかたわら別の事業にも取りくんでいるサラリーマンの場合、事業が会社組織で行われる場合、主たる給与を受ける会社に扶養控除申告書を提出し、月額表甲欄による源泉徴収を受け、他の会社から乙欄の適用を受けて、必ず確定申告をしなければなりません。

Q　修繕費と改良費について

修繕費と改良費が税務上どう違うのか、また、その税務処理について教えてください。

A

まず修繕費であれば、その費用を支出した事業年度において全額が損金に算入できるのに対し、改良費の場合には、資本的支出として耐用年数に応じて減価償却費の計算がされ、それぞれの年に損金として算入されることになります。

長い目でみれば修繕費、改良費とも損金に算入されるわけですが、支出した事業年度では、所得計算の上で違いがでてくるわけです。

原則的にいえば、改良費とは、法人が有する固定資産の修理、改良などのために支出した金額のうち、その固定資産の価値を高め、また、その耐久性を増すのに該当する部分の金額を改良費、すなわち資本的支出ということになります。

修繕費とは、通常の維持、管理に要するもの、また、災害などによって、き損した固定資産について、その原状を回復するために要するものとなっています。

そこで、もっと具体的に修繕費と改良費の違いについて考えてみましょう。たとえば、木の窓枠をアルミサッシに取り替えた場合は、耐久性を高めるということで改良費になりますが、一度盛土したものが地盤沈下して、再度盛土をしなければならなくなった費用は、き損したものの原状回復をするということで修繕費になります。

このように、修繕費と改良費の区別はなかなかむずかしく、しかも金額が張るケースが多いのが特徴となっています。そして、例外規定もありますので十分気をつけてください。しかし、企業としては、例外規定に頼るばかりでなく、明らかに修繕費であるものまで金額が多いからといって資産計上をする必要はありません。あくまでも原則規定が優先することをご理解ください。

Q　退職金のヤリクリについて

退職金の対策についてどう考えたらいいのでしょうか。また、節税の方法についても教えてください。

A

退職金のヤリクリはたいへんで、年金制で支給するというケースもあります。いずれにしても、退職金という、まとまった、しかも将来必ず支払わなければならない費用のために、いまから資金手当をしておくことが必要です。

中小企業のための退職金共済金や企業年金を利用して積立をするのも必要ですが、その前に、まず節税の方法について考えてみましょう。

節税の点では、「退職給与引当金」というのがあって、その利用のための条件としては、①退職給与規定を含む就業規則の作成②その届出、が必要です。常時一〇人以上の就労者がいる企業は、就業規則をつくって労働基準監督署に届出義務がありますから問題がないとしても、一〇名以下の企業であれば、新たに就業規則を作成して届け出る必要があります。

「退職給与引当金」が損金として繰り入れられるかについては、次の三つの考え方があります。

①要支給額基準による場合の計算額……社員全員が、当期末に自己の都合で退職したと仮定して算出した退職給与金額と、前期末でのその仮定額との差額。

②累積限度基準による場合の計算額……全社員が期末に自己の都合で退職したと仮定して算出した退職給与金額の四〇％から、前期から繰越の退職給与引当金額を差引いた額。

③給与総額基準による場合の計算額……期末に在籍の全社員にたいして支給された給料・賞与の総額の六〇％の額。

労働協約のある大会社では、①と②の内、少い金額が繰入れの限度額となりますが、中小企業では①から③の内、もっとも少い金額が繰入れの限度額となります。

社員が退職して退職金を出したとき、損金処理となりますが、その人の前期要支給額相当の引当金を取り崩して、益金に計上しなければなりません。特殊な例として、解雇による退職で退職金を支払う必要のないときでも、解雇者にかかわる引当金を取り崩して利益に組み入れることになります。

この制度は社員だけが対象で、役員はもちろんのこと、使用人兼務役員にも適用されませんので十分注意してください。

Q　役員退職金について

役員の退職金について、どういう税務処理をしたらよいのでしょうか。また、金額はどのように決めたらいいのでしょうか。

A

考え方のポイントは、法人が役員退職金を費用として認識するということです。

それは、役員退職金については、会計上利益処分で処理してもかまわないのですが、この場合は、法人がその役員退職金をその役員にたいする功労金、または報奨金として利益処分の一形態として認識したことであり、費用としての認識ではないことから、税法もその法人の意思どおり損金不算入としているものです。

損金経理でもう一つ注意しなければならないことは、役員退職金を仮払金で処理する場合です。そのまま決算を終えてしまえば、次の事業年度で仮払金を損金に振替えても、これは費用として認められません。何故こんな規定があるのかといえば、税法が利益調整を嫌っているからです。仮払金処理には、くれぐれもご注意ください。

役員退職金の額については不相当に高額な退職金として問題になることがありますが、相当と認められる方式として①功績倍率方式、②年当たり平均支給額方式の二つが考えられます。次にこの二つの方式を説明いたしましょう。

まず、①功績倍率方式というのは、

$$\frac{\text{役員退職給与の額}}{\text{最終報酬月額} \times \text{勤続年数}} = \text{功績倍率}$$

を算出し、これを同規模同業他社の平均と比較して相当な額を計算しようというものです。仮に今、同業他社の功績倍率が最高でも四倍程度の時に、功績倍率一〇倍もの退職給与を支給すれば、認められるのは四倍までで、残りの六倍部分が損金不算入となることは必定です。

ある資料によれば、功績倍率の平均の最高は、資本金三〇億円以上の企業の会長で四・九一倍、最低が資本金一億円未満の企業の平取締役で一・一八倍。また、代表取締役社長の単純平均は、二・五三倍といったところです。たとえば、役員報酬が千二百三十八万円の社長さんが二〇年勤めて退職したとすると、功績倍率による適正額は、

$$\frac{X}{1,233(\text{万}) \div 12 \times 20} = 2.53 \quad X \fallingdotseq 5,220(\text{万})$$

で、大体五千二百万円程度と計算されます。

②年当り平均支給額方式というのは、同規模同業地社の役員退職金を勤続年数で除し、調査法人のそれと比較しようというものです。

Q　役員報酬について

役員報酬が多すぎるといわれましたが、その限度額をどうみたらいいのでしょうか。また非常勤役員の報酬はどうでしょうか。

A

法人税法には、役員にたいして支給する報酬の額のうち、不相当に高額な部分の金額は損金の額に算入しないと明確に規定しています。役員賞与が損金不算入になることは一応分っても、報酬までが税務上否認されてしまってはたいへんです。役員に支給する臨時的な給与（使用人兼務役員の使用人分賞与を除く）はすべて賞与とみなされ、損金不算入になります。

たとえば、株主総会で決議した役員報酬支給限度額の範囲内であったとしても、盆暮に増額して支給するとか、一事業年度内にたびたび報酬額を改訂したりすれば、それらはまず賞与と認定されることはまちがいありません。

年額がたとえ同一であったとしても、臨時的な給与はすべて賞与と認定されます。それはつぎのような理由によります。

①同族会社では役員の権限が強く、恣意的に報酬を増減することが容易なため、これを野放しにしておくと利益調整に使われやすいという点。

②役員は商法上、会社と委任関係にあるわけですから、業績が伸びればその部分の報酬は利益処分賞与によるべきだという点。

非常勤役員にたいする報酬は、その職務内容の実態があるのかないのかで、よく争いのケースとなります。しかし、会社に出勤することが不可能な幼児をかかえた妻が代表取締役の場合や、高齢で一人歩きもできないような親である代表取締役、まだ在学中の学生などが役員として報酬を受け取っても、これは否認されます。税法以前に常識ありということです。

取締役、監査役の報酬は、株主総会の決議などによって決定されるわけですが、税法もこれを受けて、決議された支給限度額を超えて役員報酬が支給された場合、この超える部分の金額を損金算入とします。うっかりミスといえるわけですが、形式基準は争点が明確で判断の入りこむ余地が少く、オーバー即否認となりますので十分注意することです。

ただ、一番やっかいなのは実質基準超過のケースで、総売上、売上利益率、個人換算所得、使用人給与の最高額の四項目で、役員報酬の適正額を算出しようというものです。

Q　役員賞与について

役員賞与の取り扱いは社員と同じ扱いというわけにはいかないでしょうか。また、みなし役員とはどんなものですか。

A

法人税法は、商法などに規定されている役員のほか、税務上の取り扱いの場合にのみ役員とみなす、いわゆるみなし役員を定めており、広範囲に役員の規定を設けています。そして、みなし役員に対して支給された賞与も損金不算入としています。

なお、会社が支給した役員にたいする賞与については、原則として損金に算入されませんが、その役員が使用人兼務役員であり、その支給した賞与のうちで、使用人としての職務に従事する部分の金額は、次の要件をすべて満たしている場合は、損金に算入されます。

・一般の使用人に対する賞与の支給時期に、使用人としての職務に対する賞与を実際に支給していること。

・他の使用人に対する賞与の支給状況等に照らして、その使用人分賞与の額が、その職務として相当と認められるものであること。

・支給した事業年度において損金経理（はじめから経費として処理する）していること。

みなし役員とは、登記上の役員ではなくても、次の条件のすべてに当てはまり、なおかつ「会社の経営に従事している」人を指しています。

・その人と同族関係者（株主グループ）の合計持株数が上位第一順位から第三順位以内で、なおかつ上位第三順位までの合計持株数が総株数の五〇％以上。

・その人の株主グループの持株数が総株数の一〇％を超える。

・その人の持株数（配偶者を含めて）が総株数の五％を超える。

以上であれば、みなし役員になります。

・使用人兼務役員とは、使用人としての身分で役員になっている人のことをいい、税法上、次の要件に当てはまる人のことです。

社長、代表取締役、専務取締役、常務取締役、専務理事、常務理事、清算人その他これに準ずる者ではないこと。

・合名会社、合資会社の業務執行社員ではないこと。

・監査役、監事でないこと。

・同族会社の役員で一定以上の株を所有するものでないこと。

・部長、課長、工場長その他会社の使用人としての地位があること。

・常時、職務に従事していること。

Q　会社と役員の間の金銭の貸借について

役員が会社の資金調達の方法として借入れをする場合、税務上どんな点に注意すればよいのでしょうか。また、役員が受け取った利息はどう処理したらいいのでしょうか。その逆に役員が会社に貸付けをした場合、どんな問題があるのでしょうか。

A

この場合に一番問題になるのは、その借入金にたいして支払う利息の利率が妥当かどうかということです。あまり高い金利を支払う場合には、会社の利益を損ないます。特に資金的に余裕があるのに利益調整のため、高い利息を支払うことは許されません。

この場合も、通常金融機関からの借入金に準ずる利率を付すことが大事です。

また、役員からの借入金にたいし、その期によって利息を支払ったり、とりやめたりして利益の調整をすることも問題となります。役員だからという考え方を捨て、第三者からの借入金にたいする利息というように考えて取り扱うべきです。

また、その役員が受け取った利息は、その役員の雑所得として確定申告が必要となってきます。大事なことは、会社の利益につながるための資金調達であること、役員個人の利益になったり、妥当な線をはるかに超える利息だったりしてはいけません。役員借入金の資金源は、常に明らかにしておくことです。

逆に役員が会社から金銭の貸付を受ける場合は、商法で「取締役の自己取引」といって、取締役会の承認が必要となってきます。

法人は、基本的に利益の追求を目的にしているわけですから、会社役員がみだりに会社の財産を貸付けることは好ましいことではありません。したがって、取締役が会社に土地を売ったり、会社から約束手形の振出しを受けたり、会社から土地を買ったり、借金をする場合などは、取締役会の承認を必要としているのです。

このような取引を放任しておくと、取引の相手である取締役の利益のために会社を犠牲にするおそれがあるからです。もし、取締役の利益を計る目的で、取締役会の承認を得ずにこうした行為をすると、「特別背任罪」として罰せられます。

反対に取締役が会社に無利息で資金を貸付けたり、会社を受取人として約束手形を振出したり、個人財産を贈与したり、無償で貸付けたりすることについては、取締役会の承認は不要です。会社の利益の追求に合うからです。

注意することは、取締役会での承認を得ること、内容を明らかにした「金銭消費貸借契約書」を作成することです。

Q　土地の貸し借りの税務

先月、私の所有する土地をある人に貸して権利金を受け取ったのですが、税金の対象になるでしょうか。また、会社所有の土地を貸した場合、税務上どんな問題点があるでしょうか。

A

それは税金の対象になります。資産の譲り渡しによって受ける所得を譲渡所得といっています。これには所有権その他財産権を移転するいっさいの行為をいいます。その意味で土地を貸して権利金を受け取れば譲渡所得（または不動産所得）となりますから、当然、課税の対象となります。もちろん、譲渡所得というのは、土地の売買だけではなく、貸借による所得も含まれますから気をつけることです。

しかし、譲渡所得はすべてに課税されるということではありません。たとえば、貴金属や書画、骨董品で三十万円以下のときとか、有価証券の営利を目的としない一般的な譲渡による所得などは課税の対象とはなりません。

そこで、譲渡所得にはどんなものがあるかあげてみましょう。まず、個人所有の土地や家屋、事業用の固定資産（機械、器具、備品、内装設備など）、牛馬などの家畜、果樹、公債、社債、株式などの有価証券の譲渡所得で一定の要件に該当するもの、また、借地権、耕作権、特許権、著作権、借家権などの設定で所得を得たものなどです。

会社所有の土地を他人に貸した場合は、使用のかわりに権利金を受け取る慣行がある地域で、世間相場の権利金を受け取り、また、普通の地代も受け取っている場合には、その取引は正常な取引条件で行われたものとして、税務上、特別に課税されることはありません。

その地代について、世間相場の権利金を受け取っていない場合は、地代がその土地の更地価額、または近傍類地の公示価格などから合理的に算定した額や、相続税財産評価基本通達に定める借地権の評価の例により計算した価額にたいして「相当の地代」(年八%程度)に満たないものとして、差額は借地人にたいして贈与したものとみなされます。

また、借地契約を結ぶ際、普通受け取るべき権利金を受け取らないで、しかも地代が更地価額にたいして「相当の地代」に満たないときであっても、次のような場合には、権利金の認定課税を受けることはありません。

・借地契約書に、将来借地人が地主に、その土地を無償で返還することを定め、その旨を借地人との連名による書面にて、所轄の税務署長に届け出た場合。

・物品置場など、一時的に使用された場合など。

Q　会社と役員間の土地・建物の税務

会社が役員から土地・建物を買うとき、どういう点に注意すればいいのでしょうか。

A

まず、次のケースが考えられます。

①時価より高く買い入れた場合……時価を超える金額については、取得価額に算入することができず、役員にたいする賞与として損金不算入になります。一方、役員の側では給与所得の収入金額に算入されることになります。

②時価より安く買い入れた場合……時価と買い入れ価額との差額は受贈益として認定されます。一方、役員は時価の二分の一以下の金額で譲渡した場合には、時価で譲渡があったものとして課税の対象になります。

逆に、会社が役員へ土地・建物を譲渡した場合は、会社は営利を目的として業務を営んでいるわけですから、時価よりも著しく低い価額で譲渡することは通常考えられません。そこで、時価と実際の譲渡価額との差額は譲渡益として会社側に課税され、同時に同額の賞与が役員に支払われたものとして課税されます。

一方役員は、給与所得の収入金額にその金額が算入されることになります。会社、役員間の「不動産売買契約書」を作成するときは、以上のことを十分留意してください。

こんどは、役員と会社間の建物の貸借についてですが、会社が役員に建物を貸付けるときは、金銭の貸付けと同じように取締役会の承認が必要です。

通常の家賃を支払わない場合には、その差額について、借り主である役員の給与とみなされます（場合によってはその役員にたいする報酬となる）。なお、会社所有の社宅を貸すときは、家賃については一定の算式によって計算された金額を通常の家賃とします。

会社が役員に土地を貸す場合も、建物を貸す場合と基本的に同じです。土地の貸借が、権利金を授受する慣行のある地域で行われたときは、原則として権利金の授受が必要とされます。権利金の授受が行われない場合には、権利金相当額の贈与が認定され、課税の問題がでてきます。

権利金の授受が行われなくても、相当の地代を授受している場合や、賃貸する土地が物品置場、駐車場など、通常、権利金の授受を伴わない一時使用の場合には、権利金の認定の問題はでてきません。要は通常の算定によって判断されます。

役員個人の建物を会社で借りるときは、無償の場合は課税関係は生じませんが、有償のときには取締役会の承認が必要で、不相応に高い家賃を支払うと、その不相応分は貸主である役員にたいする給与とされますから気をつけてください。

役員が会社に土地を貸すときは、通常の権利金を授受せずに、その上相当の地代を収受しないで、土地を貸した場合に、会社が一定の算式で計算した借地権の金額を受贈益として益金に算入したときは、役員個人については課税関係はでてきません。

会社で受贈益相当額を、貸主である役員個人にたいする未払金として計上した場合には、役員個人について、権利金の額が年額地代の二〇倍以下の場合は不動産所得となり、二〇倍を超える場合で、権利金の額が土地の価額の半分を超えるときは譲渡所得（分離課税）となり、土地の価額の半分以下のときは不動産所得となります。

Q　リース取引の税務

リース取引の税務上のことを教えてください。また、もともと所有していた中古の事業用資産をいったんリース会社に譲渡し、あらためてこれをリース契約で賃借した場合は、どのように取り扱えばよいのでしょうか。

A

リース取引は、法律的には賃貸契約ですが、一般に行われているリース取引には、その経済的実質において、売買や融資と変わらないものが多く見受けられます。そこで税務上では、リース取引の内容によって売買、あるいはリース料の中に前払い費用が含まれているとして取り扱う場合があり、次のような基準が定められています。

・リース期間が決まっており、そのリース期間中のリース料の支払い総額が、リース物件の取得価額に、その取引に要した付随費用を足した総額とおおむね同じになること。

・リース期間中における解約が禁止されているか、または、解約する場合には残りのリース料相当額を支払うこと。

以上、二つの要件に該当するリース取引のうち、次のものが税務上、売買とみなされます。

①期間終了後の譲渡が契約で定められている。

②再リース料が無償に近い。

次に、もともと所有していた中古の事業用資産をいったんリース会社に譲渡し、あらためてこれをリース契約により賃借した場合は、それが実質的に金融取引と認められるときは、はじめからその譲渡がなかったものとして取り扱われます。これによって、リース会社から受け入れた譲渡代金は、借入金として取り扱われ、また、リース料のうち借入金相当額は、借入金の返済として取り扱われます。

昭和六十一年度の税制改正により、中小業者に該当する者が、昭和六十一年四月一日から昭和六十三年三月三十一日までの期間内に、その制作後、事業の用に供されたことのない特定電子機器利用設備を、物品賃貸業者から契約によりリースし、自己の営む指定事業の用に供した場合、次の金額を税額控除することが認められることになりました。

これはリース料の総額の六〇%相当額についての七%の特別税額控除です。ただし、これは当該事業年度の法人税額の二〇%相当額を限度とし、この限度を超過した部分の金額については、一年間の繰越控除が認められます。リース料の税額控除については、リース期間が五年以上というような要件もあります。

Q　印紙税について

印紙をよく使うのですが、納税の感覚はありません。もし、印紙を貼るのを忘れたりしたらどうなるのでしょうか。

A

印紙税額は文書の種類や契約金額、手形金額などの違いによって、さまざまですから、使用の際は十分注意してください。それではいくつかのポイントをあげてみましょう。

契約金額の一部が記載されている文書、たとえば、住宅建築の請負契約書で、工事の一部の請負金額が未定の場合、決定している部分についてのみ契約金額が記載されている場合の印紙税の対象額は、その記載金額になります。

契約金額の変更をする契約、たとえば、工事の請負金額の変更という場合、変更後の金額が記載されているか、または当初の金額と増減する金額との双方が記載されていて、これにより変更後の金額が計算できる場合は変更後の金額が印紙税の対象額とされます。また、変更する増減金額のみが記載されている場合には、その増減金額が印紙税の対象額とされます。なお、昭和六十三年一月一日からは、契約金額等を増加させる変更契約書等については増加金額を記載金額とし、契約金額等を減少させる変更契約書等については記載金額の記載のないものとされ、二百円の印紙を貼ればよいことになります。

「仮受取書」と称するものであっても、それが金銭等の受け取り事実を証明するために作成されたものであれば、後に「本領収書」を作成することの有無にかかわらず受領書として対象とされます。国や地方公共団体が作成した文書は、すべて課税されません。相互に文書を交換するという考え方にたっているためです。

印紙を貼らなかったり、または貼っても消印しなかった場合、本来の印紙税額と、その二倍相当の合計額、つまり、印紙税額の三倍が過怠税として徴収されることになっています。ただし、調査を受ける前に自主的に不納付を申し出たときは一・一倍の過怠税ですみます。

法人でいま仮に、一万円の不納付が発見されたときは、過怠税が三万円となり、全額損金不算入となります。たかが印紙税とあまり軽く考えないことですね。

著者略歴

杉井卓男（すぎいたくお）

昭和11年　大阪府生まれ
35年　関西学院大学法学部卒業

49年　羽曳野市恵我之荘小学校ＰＴＡ会長

51年　税理士試験合格・税理士開業

58年　ＴＫＣ近畿会秋期大学実行委員会委員長

ＴＫＣ近畿会東大阪市部長

〜　ＴＫＣ南近畿会会長

ＴＫＣ全国会副会長

61年　近畿税理士会厚生部員

平成元　ＴＫＣ全国書面添付推進委員会副委員長

元　ＴＫＣ全国会政経研究会会計幹事長

松原商工会議所副会頭

※政経研究会とは約80名の国会議員の後援会組織

※ＴＫＣとは2万人会計事務所の集団

著書　・「私の事務所収益拡大法」　ＴＫＣ広報部発行

・「書面添付」ってなーに？

・職業会計人の書面添付

※本書は１９９８年に刊行された『杉井卓男の税金のはなし』を底本とした電子書籍（『税金弱者のための節税相談』２０２２）のオンデマンド版です。主な内容や表現は当時のままとしております。

税金弱者のための節税相談

2023年6月30日発行

著　者　杉井卓男

発行者　向田翔一

発行所　株式会社 22 世紀アート
〒103-0007
東京都中央区日本橋浜町 3-23-1-5F
電話　03-5941-9774
Email: info@22art.net　ホームページ：www.22art.net

発売元　株式会社日興企画
〒104-0032
東京都中央区八丁堀 4-11-10 第 2SS ビル 6F
電話　03-6262-8127
Email: support@nikko-kikaku.com
ホームページ：https://nikko-kikaku.com/

印刷
製本　株式会社 PUBFUN

ISBN：978-4-88877-218-1